Cyberattaque

Plongez au cœur du blackout !

Nouvelle édition augmentée

@GlobalWork collection

Texte : Angeline Vagabulle

Dessins : Renard

A Erwan, Benjamin, Maël, hyperconnectés,

A Rébecca, qui m'a mise à WhatsApp,

A Jean-Michel, ma plus belle des connexions,

Depuis plusieurs mois, j'avais décidé de rire de ce que j'observais dans ma Big Company très globale. Un manteau tout plein de couleurs m'avait entraînée dans une description ludique de ce que je vivais au pays des Grandes tours de La Défense et au gré de mes déplacements aux quatre coins de la planète[1]. Mais je m'étais fatiguée de cette vie trépidante. Alors que je m'apprêtais à voguer vers de nouveaux horizons, voici que mon entreprise décide de m'envoyer en mission à Strasbourg pour quelques mois. Adieu les grandes tours et les dalles de l'esplanade de La Défense, à moi une petite parenthèse et un mode de vie que j'imaginais plus serein et moins anonyme dans un bureau à taille humaine.

Mais rien n'allait se passer comme prévu. Dans ce monde des grandes entreprises trop sûres d'elles, un événement aussi inattendu qu'improbable allait se produire. Mon histoire prit alors un virage qui allait m'immerger dans la fragilité de notre monde et me faire réaliser que ma très grande entreprise n'était finalement qu'un colosse aux pieds d'argile. Mon sens de l'humour, même si je l'avais embarqué avec moi dans cette mission, allait se teindre d'une multitude d'émotions alors que l'entreprise sombrait dans le chaos.

Cette aventure me plongea dans les affres de notre relation à la technologie, et plus particulièrement dans le monde du travail, cette relation s'apparentant à

---

[1] Global Work : on marche sur la tête !

ce que l'on appelle couramment une addiction. Une grande majorité des éléments de ce récit est tirée de faits réels. Nombre de conversations et d'échanges se sont réellement produits, même s'ils ont été maquillés pour que les protagonistes ne soient pas reconnaissables.

Il y a bien longtemps, dans une grande entreprise internationale lointaine, très lointaine...

S'il fallait un mot pour qualifier son activité professionnelle dans une grande entreprise globale, ce serait : hyperconnectée. Une vaste majorité du travail, voire sa totalité si nous sommes vraiment honnêtes, ne peut s'effectuer que grâce à la bonne marche des technologies de l'information, c'est-à-dire l'informatique de l'entreprise.

Cette situation a évolué magistralement et à la vitesse de l'éclair ces vingt dernières années. Nous sommes nombreux à faire ce constat.

Effort de mémoire. Je ne suis pourtant pas (encore) une vieille mamie décrépie (avec tout le respect que j'ai profondément pour nos anciens). Mais force est de reconnaître qu'il y a vingt ans, le courrier électronique n'existait pas, ni le téléphone portable, encore moins la vidéoconférence. À mes débuts dans un grand cabinet de conseil, nous n'avions pas d'ordinateurs portables personnels. Les ordinateurs étaient de grosses machines massives, avec une interface poussive et peu conviviale. On avait remisé la machine à écrire pour taper les comptes-rendus, mais il n'y avait encore que très peu de rédaction sous forme de PowerPoint. Les discussions se déroulaient lors de réunions physiques, la conférence téléphonique ne se pratiquait que peu. Les documents étaient imprimés pour en discuter en réunion.

Nous avions tous un agenda papier. Je me souviens avec nostalgie de mon premier Palm Pilot, cet ustensile électronique, pionnier en la matière, qui permettait d'avoir toujours sur soi agenda et contacts en format numérique. Cet ustensile devait être connecté à l'ordinateur pour lancer une opération de « réplication » et aligner les données du Palm avec celles de l'ordinateur. La norme était d'effectuer cette opération une fois le matin en arrivant et une fois le soir en partant.

Nous prenions une heure pour déjeuner le midi, entre collègues, pour discuter, de tout, de rien, du travail mais aussi de notre vie en général. Travailler avec des collègues d'autres bureaux distants géographiquement restait exceptionnel. Tous les vendredis en fin d'après midi, tous les collègues du bureau se retrouvaient autour d'un pot convivial et se racontaient leur semaine. Comme j'étais basée à Paris, lorsque j'ai commencé à travailler plus fréquemment avec le bureau de Lyon, nous nous envoyions les différentes versions de nos documents par fax pour préparer les réunions clients.

Et puis, tout s'est accéléré.

Et voilà à quoi ressemble une journée de travail désormais en ce printemps 2017...

Le cabinet d'étude PWC estime à 177 300 le nombre de cyberattaques quotidiennes, à travers le monde.

En 2014, le nombre d'incidents a augmenté de 48 %. Depuis 2009, les incidents détectés ont augmenté de 66 % par an en moyenne.

Hiscox estime que le coût des cyberattaques a atteint 6000 milliards $ au niveau mondial en 2021, dont 1,6 milliards $ pour les entreprises, constituant ainsi le transfert de richesse économique le plus massif de l'histoire.

Tout va pour le mieux en ce lundi matin et les affaires se déroulent sans problème, comme à l'accoutumée dans une grande entreprise globale. Je commence une journée comme les autres. L'agenda est rempli de conférences téléphoniques à la suite les unes des autres.

À peine réveillée, du fond de mon lit, je jette un coup d'œil à l'agenda électronique sur mon smartphone. Tiens, pendant mon sommeil, un collègue basé en Asie a planifié une réunion entre 13 h et 13 h 30 avec le Moyen-Orient. Aujourd'hui, il n'y a plus que trente minutes sans aucune réunion téléphonique en milieu de journée, entre 13 h 30 et 14 h. Vite visualisé. C'est le seul créneau qui n'est pas coloré en bleu foncé, contrairement à tout le reste de la journée. Le déjeuner sera « vite fait », pendant la conférence téléphonique prévue entre 12 h et 13 h. En se mettant sur silencieux pour éviter que les autres participants n'entendent les bruits de mastication. Comme d'habitude. Ce sera pareil demain et après-demain.

À 8 h 30 la journée va commencer par un point mensuel avec un manager de l'équipe basé à Sydney. Il y a ensuite un point projet avec trois collègues (un basé à Dubaï, un à Londres et le dernier à Francfort). Bon, allez, la suite de la journée, ce sera une surprise en arrivant au bureau. Plus vraiment le temps d'anticiper. Vite, je dois me dépêcher pour être arrivée à temps au bureau. Douche rapide, petit déjeuner sur le pouce, une petite robe enfilée, au revoir aux enfants avant de claquer la porte et c'est parti.

Sur le trajet, je jette un œil aux vingt-six courriers électroniques qui sont arrivés pendant la nuit. Quelques actions importantes à mener à bien dans la journée se rappellent à moi. Mais comment les réaliser avec toutes ces réunions téléphoniques collées les unes aux autres ? Même pas deux minutes entre les réunions pour aller respirer, boire un café, réfléchir (ça pourrait nous être utile parfois) ou même aller aux toilettes ! J'écris quelques messages pour m'avancer pendant mon trajet. Ce sera toujours ça de fait, de temps gagné sur le sprint infernal de la journée à courir après le temps et les objectifs.

Arrivée au bureau. Le stress plane déjà au-dessus de ma cervelle. Il est 8 h 25. Cinq minutes de disponibles pour monter à mon bureau, connecter mon ordinateur, attraper un café avant de démarrer. Je dis à peine bonjour à la réceptionniste à l'accueil. Personne dans l'ascenseur ni dans les couloirs, il est encore un peu tôt. La majorité des collègues de mon étage commence un peu plus tard. Je ne les connais qu'à peine, arrivée il y a seulement deux semaines pour une mission de quelques mois. Quelques rares conversations de machine à café, lorsque le rythme de la grande entreprise globale veut bien nous laisser quelques minutes. Salut rapide à la femme de ménage qui termine son service. Si j'arrive un peu en avance, je prends toujours le temps d'échanger avec elle, mais là, ce matin, je n'ai vraiment pas le temps.

Le point de 8 h 30 se déroule bien. Il paraît qu'il fait froid à Sydney. Ensuite, point projet. Il fait encore chaud à Dubaï, il pleut à Londres et il fait maussade à Francfort. Mais quel temps fait-il à Strasbourg ce matin ? Même pas fait attention, j'avais le nez dans mon smartphone.

Avant d'entrer dans la prochaine réunion de travail, je valide une facture en ligne pour paiement. La réunion de travail qui suit préfigure un nouveau produit avec les équipes marketing. Nous sommes connectés avec Paris, Amsterdam, Rome et Leeds. La réunion se termine avec quelques minutes d'avance. Quelle aubaine ! Dix longues minutes s'offrent à moi avant d'entrer dans la conférence téléphonique de 13 h. Vite, aller aux toilettes, puis lecture de la revue de presse en ligne. Maigre distraction tout en mâchouillant machinalement un sandwich acheté à la cafétéria entre la réunion téléphonique de 10 h/11 h et celle de 11 h/12 h.

13 h 45 : comme la réunion a été plus longue que prévu (tout le monde n'était pas connecté à 13 h, on a donc commencé en retard), plus que quinze minutes de disponible pour un certain nombre de tâches. Je parcours une dizaine de messages électroniques marqués ce matin pendant mon trajet. Difficile de les retrouver, car depuis ce matin, il y a quarante nouveaux messages qui sont également arrivés dans ma boîte mail. Dont certains en réponse aux initiaux et qui apportent des compléments d'information par le biais de plusieurs documents joints. Lecture (en diagonale) à l'écran d'un document de budget et d'une note de synthèse. Pas le temps de finir de lire tout cela maintenant. J'envoie les fichiers à l'impression, ce sera

ma lecture dans le train en rentrant chez moi en fin de journée. Écriture de réponses aux quelques messages qui me paraissent les plus importants (et auxquels il est urgent d'apporter une réponse) et production par ce biais d'une quinzaine de messages électroniques. J'en profite pour peaufiner un message (toujours électronique) que j'aimerais envoyer à mes équipes plus tard dans la semaine.

14 h : connexion à la réunion. Je suis la seule en ligne. Après quelques minutes d'attente, il n'y a toujours personne. C'est étrange. Je regarde ma boîte mail.

Tiens ! La réunion a été annulée à 13 h 58 par le responsable du projet. « Suite à de nombreuses annulations de dernière minute de plusieurs participants, j'annule la réunion de 14 h. » Ça tombe bien. Je vais pouvoir prendre quelques instants pour m'occuper de mon déplacement aux États-Unis prévu le mois prochain. Le formulaire de réservation de vols se remplit en ligne et s'envoie par courrier électronique à l'agence de voyages. Le billet électronique sera d'ici la fin de semaine dans ma boîte mail.

15 h : point hebdomadaire sur le déploiement d'un nouveau système qui va nous permettre de mettre en ligne directement auprès des employés de l'entreprise des informations consolidées sur nos

clients. Le déploiement étant mondial, nous avons tous les managers régionaux connectés, ainsi que l'équipe projet centrale basée à Madrid.

Mais un « tchat » en ligne d'un de mes collègues basés à Stockholm apparaît sur mon écran et me signale un problème sur un dossier. Il semblerait que l'équipe de Varsovie ait pris du retard dans la production d'une synthèse attendue pour le soir même par un client. J'appelle Varsovie. Le sujet est suffisamment brûlant pour que nous connections nos webcams. C'est quand même mieux de se voir, parfois. L'équipe a l'air fatiguée. Je lui remonte le moral. Nous nous accordons sur l'importance de respecter le délai pour ce gros client et trouvons ensemble une solution pour rattraper le retard.

18 h : mince ! Pendant que nous gérions l'urgence, avec l'équipe de Varsovie, j'ai raté une conférence téléphonique avec une collègue d'Amsterdam qui voulait discuter d'un CV reçu pour un recrutement en cours. J'ai aussi loupé le rendez-vous téléphonique suivant avec le contrôleur de gestion pour faire le point sur la préparation du budget de l'année prochaine. Mon écran clignote de partout des messages de celles et ceux qui cherchaient à me joindre.

Gros coup de fatigue. Il est sûrement temps que je quitte le bureau pour rentrer chez moi. Grâce à mon smartphone, tous les messages reçus peuvent être lus pendant mon trajet de train. Et je pourrai en plus écrire à mes collègues d'Amsterdam et des finances pour m'excuser de leur avoir fait faux bond. Si nous pouvions nous replanifier un moment d'ici la fin de la semaine, ce serait bien. Mais quand je vois les maigres disponibilités qu'il reste d'ici là...

Assise dans mon train, smartphone entre les mains. Aujourd'hui, deux cent cinquante courriers électroniques ont été reçus par ma boîte mail : trente émanent de serveurs qui m'ont automatiquement notifié de choses et d'autres plus ou moins (in)utiles. Finalement, cette mission à Strasbourg ne me donne que peu l'occasion de faire connaissance avec mes collègues.

Au milieu de toutes ces lignes, un message de notre directeur informatique. Il nous fait toujours rire avec ses messages à rallonge, Dominic. Au mieux, nous lisons sa prose « en travers ». D'autant plus que souvent, nous n'y comprenons rien, son style verbeux et sa façon de nous parler comme si nous étions ses enfants ou ses camarades du club de foot se mêlant à un vocabulaire technique qui nous dépasse.

Sujet : WannaCry.

Wannacry wannacry, we will really cry[2] ? Tiens, tiens, de quoi veut-il nous parler, Dominic ?

---

[2] We will really cry = nous allons vraiment pleurer

Définition

Une cyberattaque est un acte malveillant envers un dispositif informatique via un réseau cybernétique. Une cyberattaque peut émaner de personnes isolées, par exemple Kevin Mitnick, un des plus célèbres, mais aussi d'un groupe de pirates ou plus récemment de vastes organisations ayant des objectifs géopolitiques.

Un message de Dominic Inatacable, notre directeur informatique (traduit de l'anglais)

****

Message électronique
De : Dominic Inatacable
À : tous les employés

Sujet : WannaCry

Je suis sûr que vous avez suivi ces jours derniers l'actualité relative au ver rançonneur Wannacry qui a touché plus de 70 pays et de nombreuses grandes organisations dans les dernières 24 heures. Notre équipe informatique mondiale a évalué avec soin notre environnement et nous pouvons confirmer que nous n'avons pas été affectés et que nous ne devrions pas l'être à l'avenir.

Mais cela n'est pas suffisant. Nous allons mettre en place des mesures de précaution pendant le week-end et à partir de 18 h 00 GMT samedi, certains services seront indisponibles pour une période de deux heures.

Les systèmes de protection de notre environnement informatique jouent un rôle vital en cas de cyberattaque, cependant VOUS jouez aussi un rôle clé dans notre système de défense. Soyez s'il vous plaît extrêmement vigilants, plus particulièrement lorsque vous cliquez sur des liens reçus par e-mail. Si vous avez des doutes concernant l'authenticité d'un courrier électronique, ne cliquez pas sur les liens qu'il contient. Si vous observez quoi que ce soit de suspect ou d'anormal sur votre ordinateur à quelque moment que ce soit, faites-nous-en part immédiatement.

Dominic Inatacable
Directeur des systèmes d'information

****

Oui, bon. OK, c'est noté. Pas de quoi en faire un drame. Je replanifie quelques rendez-vous dans mon agenda en ligne. Un petit coup d'œil au planning du lendemain : journée pas très différente de celle qui vient de s'écouler. À part une vidéoconférence pour un entretien de recrutement avec une candidate basée en Allemagne. Ça va me changer des conférences téléphoniques. Il est temps de me déconnecter, mon train arrive à ma gare de destination.

J'éteins mon smartphone.

La déferlante de messages s'arrête dans le soupir sonore de l'appareil qui s'assombrit.

La menace plane au-dessus de nos têtes alors que les nuages s'amoncellent au-dessus de nos systèmes d'information.

Je suis assise dans mon train et j'effectue mon trajet quotidien pour me rendre à mon bureau. Il est temps d'allumer mon smartphone pour préparer quelques messages. Je vais également en profiter pour commencer à écrire le rapport annuel d'activité que je dois transmettre au comité de direction avant la fin du mois.

La déferlante de messages reprend dans le soupir sonore de mon smartphone qui s'allume. Avant de commencer ma rédaction, voyons voir ce qu'il s'est passé pendant que je dormais. Une dizaine de messages de l'Asie Pacifique sur le lancement du nouveau système. J'en discuterai en arrivant au bureau avec mon manager basé à Hong Kong. J'ai un point avec lui à 9 h.

Oh, tiens, encore un message de notre directeur informatique. Il n'arrête pas, celui-là, en ce moment ! D'un caractère curieux, je vais prendre la peine de le lire en entier, ce message. Je prends une grande inspiration. Je sais que Dominic, la concision, ce n'est vraiment pas son truc.

Considérée comme la plus importante cyberattaque par ransomware (ou ver rançonneur) de l'histoire, WannaCry a infecté en quelques heures plus de 300 000 ordinateurs, dans plus de 150 pays. Parmi ses victimes : FedEx, Renault, ou encore le ministère de l'Intérieur russe. Cette attaque a été revendiquée par le groupe de hackers Shadow Brokers, ceux-là mêmes qui, au premier trimestre 2017, avaient réussi à s'introduire dans le réseau informatique de la NSA, et à y dérober un attirail considérable de failles, virus et autres outils informatiques, dont la faille exploitée par WannaCry, baptisée EternalBlue. Il s'agissait d'une faille déjà identifiée par Microsoft, mais le patch correctif proposé n'avait pas été suffisamment massivement installé pour que l'attaque échoue. In fine, le coût de WannaCry a été évalué autour d'un milliard de dollars, sans compter bien évidemment toutes les conséquences indirectes qu'ont pu subir ses victimes.

Message électronique

****

De : Dominic Inatacable
À : tous les employés
Sujet : WannaCry

J'ai un complément d'information à vous transmettre suite à mon message précédent que je vous recopie ci-dessous (lisez celui-là d'abord) (sic).

Notre évaluation de la situation reste la même que celle décrite dans mon premier message. Nous nous attendons à ce que l'épidémie continue et se propage lors de la reprise du travail en début de semaine prochaine, mais nous ne sommes pas affectés au moment où je vous écris et nous évaluons que nos multiples couches de protection vont maintenir la situation telle qu'elle est.

Dans le cadre de nos mesures de précaution, nous prévoyons de forcer tous les ordinateurs de l'entreprise (portables et fixes) à redémarrer après que vous vous serez connectés lundi matin, ou lors de votre prochaine connexion. Cela pour s'assurer que tous les ordinateurs ont intégré les mises à jour des logiciels de sécurité. Vous verrez peut-être une fenêtre de dialogue qui vous fera part de cette opération ou qui vous demandera de confirmer que votre ordinateur peut redémarrer. S'il vous plaît, ne cherchez pas à reporter ou à empêcher ce redémarrage de se faire, conformez-vous à cette demande. Si vous ne voyez pas de fenêtre de dialogue, ou si votre ordinateur ne redémarre pas, ne vous inquiétez pas, nous nous assurons que tout ce qui doit se passer sur votre ordinateur s'exécute. Nous pourrions également forcer tous les ordinateurs à redémarrer à nouveau dans la nuit de lundi.

Je veux dire à nouveau combien VOUS jouez un rôle clé pour assurer la sécurité informatique de l'entreprise et sa protection. S'il vous plaît, assurez-vous que votre ordinateur redémarre, et quand cela arrivera, dites-nous si vous voyez quelque chose d'anormal ou de suspect. Et restez très vigilant avec les courriers électroniques. Ne cliquez sur aucun lien dans un courrier électronique avant d'être sûr et certain de son authenticité.

Votre directeur des services informatiques,
Dominic Inatacable

****

J'ai un gros doute.

Il a l'air un peu en mode panique inquiet notre Dominic, quand même. Je vais aller faire un tour sur les sites d'information et sur la toile pour en savoir plus sur ces histoires d'attaque informatique.

Martin jette un œil discret à son smartphone. La réunion s'éternise. Il n'aime pas ça. Une quarantaine de courriers électroniques, à ce qu'il peut apercevoir sur le tout petit écran, ont l'air d'être arrivés dans sa boîte depuis le début de la réunion il y a 45 minutes.

- Lorsque nous avons décidé d'investir les marchés asiatiques, nous pensions que la croissance serait au rendez-vous. Cependant, comme le montre ce graphique, les marges dégagées sur les produits grand public s'avèrent être beaucoup plus faibles que ce que nous avions anticipé initialement. Mais une analyse plus fine est nécessaire afin de comprendre cet état de fait. Ce second graphique nous donne des chiffres par région.

Martin lève le nez de son smartphone et regarde William, le directeur financier, droit dans les yeux.

- Écoute William. Veux-tu bien s'il te plait aller droit au but. Nous perdons de l'argent, nous le savons tous. Il va falloir prendre des décisions pour arrêter le massacre sinon les actionnaires ne vont plus nous suivre. Donc arrête veux-tu bien de tourner autour du pot. J'ai un avion à prendre dans deux heures pour Rio pour négocier nos implantations avec le gouvernement et je veux que nous décidions avant mon départ de notre stratégie sur l'Asie.

- Martin, je comprends ton impatience. Mais nous devons analyser la situation avec soin. Comme tu le sais nous avons misé beaucoup sur le marché chinois. Nous ne pouvons pas nous désengager au premier revers. Nous visons le long terme. Et je crois que nous devons aussi écouter Chen qui se connecte avec nous pour nous faire un point.

Chen dirige l'activité Asie depuis six mois. Né à Hong-Kong, il a effectué ses études supérieures à Harvard et à la London Business School. Après avoir travaillé au siège à Londres pendant deux ans, il a été envoyé à Singapour pour développer les activités en Asie.

Le système de Téléprésence s'allume dans un doux bourdonnement. Le visage de Chen envahit les écrans de la salle. La qualité est parfaite. On croirait presque qu'il est assis 'réellement' de l'autre côté de la table de réunion qui se trouve à Amsterdam.

- Bonjour Chen. Ou plutôt bonsoir, nous savons tous qu'il est déjà tard pour toi. Merci de te connecter. Comme tu le sais nous devons décider quelle position je vais présenter la semaine prochaine à nos actionnaires américains concernant nos investissements en Asie. William vient de nous présenter la situation dans les chiffres. J'aimerai vraiment avoir ton point de vue. Ah et oui, je prends un avion pour Rio dans deux heures, je dois donc filer impérativement dans 10 minutes.

Chen prend la parole et expose son point de vue en quelques minutes. Martin est attentif aux arguments de Chen qui propose de focaliser les efforts sur le marché chinois dans un premier temps à la vue des perspectives de croissance sur un marché sans concurrent notable à ce jour et la proximité des usines de production. Cependant, il semble raisonnable de rester en retrait des autres régions pour le moment, notamment de l'Asie du Sud Est.

- Martin, j'ai été particulièrement synthétique. Je vous envoie par email dans la minute mon rapport de synthèse qui vous donnera accès aux données qui ont permis d'étayer ma recommandation. Vous pourrez le lire dans l'avion.

- Merci Chen pour votre efficacité.

Martin jette un œil rapide à sa boîte mail. Le mail de Chen avec le rapport y est bien réceptionné. Je le téléchargerai à mon arrivé à Rio, pense Martin, j'ai besoin de dormir dans l'avion pour être en forme pour les négociations qui m'attendent.

- J'ai bien reçu votre rapport Chen. Je dois filer à l'aéroport, je vous prie de m'excuser. William, on se retrouve en fin de semaine à Zurich pour la réunion avec nos actionnaires.

Martin saute dans son taxi (réservé en ligne par son assistante qui lui a envoyé par texto le code de réservation). En route pour l'aéroport de Schiphol, Martin vérifie son e-ticket, un email marqué d'un drapeau rouge dans sa boite de réception et passe quelques coups de fil en chemin. Dans le salon d'attente avant l'embarquement, Martin consulte la liste des promotions des nouveaux directeurs régionaux à sa validation. La direction marketing lui a envoyé sa proposition de stratégie pour le développement de la nouvelle gamme de produits pour le marché Asie. Il a également à signer la négociation de départ du directeur régional Europe de l'Est.

Et tiens, un message de Dominic. Wanacry, qu'est-ce que c'est que ce truc encore ? Cela me fait penser qu'il faut que je parle sérieusement à Dom d'accélérer l'implémentation de la nouvelle plateforme de communication video. Je ne sais pas ce que font ses équipes. Mais ça commence à faire long. Je lui ai déjà demandé il y a six mois et encore une fois il y a deux mois de mettre en place cette plateforme pour pouvoir communiquer de façon plus moderne et surtout moins onéreuse avec l'ensemble de nos bureaux. Je ne comprends vraiment pas ce qu'il fabrique.
Allez, il est temps d'embarquer.

Martin éteint son smartphone et monte à bord du 777 qui va s'envoler pour Rio dans quelques minutes.

Le début des années quatre-vingt-dix est concomitant à l'émergence d'une sous-culture criminelle cybernétique. La première intervention de taille nationale sera l'opération Sundevil en 1990. L'émergence du cyberespace accélère également la démocratisation du cracking, *du* phreaking *et des techniques de* hacking.

Je ne sais que comprendre de tout ça.

Cracking : c'est une histoire de cocaïne ou quoi ?
Phreaking : vraiment très créatifs, ces informaticiens. Mais aussi un peu effrayant, ce vocabulaire. Je pense au film *Freaks* avec ses monstres de cirque.
Hacking : ah oui. Ça me parle un peu plus. C'est quand quelqu'un te harponne ton compte tel un pirate pour en faire ce qu'il veut à ton insu.

Bigre.

Alors, le cracking, *ou craquage en français, en informatique, c'est la modification d'un logiciel pour supprimer ou désactiver des fonctionnalités jugées indésirables.*

Le mot anglais phreaking *est obtenu par la contraction de* phone, *pour téléphone, et* freak, *signifiant un marginal, ou personne appartenant à une contre-culture. Le pirate téléphonique est appelé un* phreaker *ou pirate du téléphone.*

Dans certains cas, le phreaker *peut utiliser le réseau téléphonique d'une manière non prévue par*

l'opérateur afin d'accéder à des fonctions spéciales, principalement afin de ne pas payer la communication et/ou de rester anonyme.

Cette activité peut être illégale dans certains pays. Toutefois, les premiers phreakers *et un certain nombre de* phreakers *actuels sont des passionnés cherchant juste à effectuer une prouesse technique sans mauvaises intentions.*

Le hacking *peut s'apparenter au piratage informatique. Dans ce cas, c'est une pratique visant à un échange « discret » d'informations illégales ou personnelles. Cette pratique, établie par les* hackers, *apparaît avec les premiers ordinateurs domestiques. Le* hacking *peut se définir également comme un ensemble de techniques permettant d'exploiter les failles et vulnérabilités d'un élément ou d'un groupe d'éléments matériels ou humains.*

Si je m'attendais. Un peu angoissant de savoir qu'il y a un paquet de personnes plus ou moins bien intentionnées et surtout très bidouilleuses qui se promènent dans le cyberespace.

De : Martin SurSonPetitNuage
A : Dominic Inatacable

Objet : me rassurer sur la protection de nos systèmes

Dom
Je viens de lire tes messages au sujet de Wannacry. Peux-tu stp me rassurer sur le fait que nos systèmes sont suffisamment protégés ? Je suis parti pour Rio sur l'heure de déjeuner. Je souhaite trouver à mon atterrissage un rapport détaillé sur le niveau de vulnérabilité de notre entreprise.
Martin

S'autoassurant de son invincibilité, le Titanic fendait les flots à toute vitesse, droit vers son iceberg...

Les lumières douces de la cabine business viennent de s'allumer. Martin retire son masque oculaire et s'étire. La nuit a été courte. L'avion va atterrir dans moins d'une heure à Rio.

Je me sens un peu vaseux. Il ne va pas être évident d'enchaîner les réunions toute la journée, songe Martin. Et qu'est-ce que c'est que ce cauchemar ? Oui, il me semble bien pendant cette trop courte nuit avoir rêvé que tous nos systèmes tombaient en panne. Quel cauchemar ! Tous les écrans des dizaines de milliers d'ordinateurs de l'entreprise étaient noirs puis une tête de mort apparaissait et éclatait de rire. Je cherchais mon smartphone partout et je n'arrivais pas à le trouver. Je criais pour appeler Dom mais il ne répondait pas. Comme un flash je le voyais en pyjama en train de jouer avec ses enfants aux jeux vidéo dans son salon, je l'appelais mais il ne m'entendait pas. Je prenais un porte-voix et j'appelais John qui était de l'autre côté de la table mais lui non plus ne m'entendait pas. Il était penché sur un grand cahier avec d'immenses pages blanches qu'il était en train de couvrir de signes bizarres, comme des pâtes de mouches ou des hiéroglyphes. Il pestait contre un stylo plume qui bavait son encre sur les pages. J'apercevais sa tablette à l'écran totalement brisé à côté de lui. Je me rapprochais de lui et je voyais des larmes couler sur sa joue. Et ses quelques mots déchiffrables sur son cahier : tout est détruit. 6500 personnes au chômage. Non mais quel cauchemar !

J'ai vraiment hâte de lire le rapport de Dom.

Le steward s'approche de Martin avec un grand sourire et surtout un solide plateau de petit déjeuner.

« Quelques mots de votre capitaine de bord avant d'atterrir. Nous sommes en phase d'approche de l'aéroport de Rio. Le temps est calme et notre atterrissage est prévu à l'heure. Aujourd'hui c'est notre ordinateur de bord qui nous fera atterrir en douceur. Je vous souhaite un excellent séjour à Rio ».

« Nous venons d'atterrir. Vous pouvez maintenant rallumer vos téléphones portables ».

Martin se précipite pour rallumer son smartphone dont le doux gazouillis le rassure. Ah, voici le rapport de Dom.

La semaine s'est finalement écoulée, une fois encore, sans que je m'en aperçoive. Aujourd'hui, enfin, c'est vendredi. *Happy Friday* comme disent mes collègues de Londres. Enfin deux jours de pause ! Il était temps. Je ne sais même plus quelle heure il est, où j'habite et quelle langue je parle après tous ces rendez-vous téléphoniques (avec ou sans l'image) avec des personnes aux quatre coins de la planète pendant cinq jours non-stop.

20 h. Je jette machinalement un regard à mon smartphone pour lire un dernier message avant d'éteindre. Vive le week-end. Et après cette dernière lecture, je me déconnecte. Complètement. Promis.

Tiens, encore un message de Dominic...

Message électronique

****

De : Dominic Inatacable
À : tous les employés
Sujet : Message de fin de semaine

Alors que la fin de la semaine approche, je veux vous rassurer à nouveau sur le fait que l'entreprise n'a pas été touchée par l'épidémie.

Je souhaitais également vous remercier pour votre compréhension face aux inconvénients générés cette semaine, comme le redémarrage forcé de vos ordinateurs ou les extinctions automatiques de vos machines pendant la nuit.

Enfin, un rappel rapide d'être vigilant à tout ce qui peut vous paraître anormal : courriers électroniques avec des liens dont vous n'êtes pas sûrs de la provenance, sites internet qui ne vous paraissent pas sûrs, une carte mémoire que vous ne vous souvenez pas d'avoir vue auparavant... Par ailleurs, personne ne sait encore vraiment expliquer comment l'épidémie WannaCry a démarré : peut-être par un hameçonnage par courrier électronique, une page internet infectée ou par une implantation directe.

N'oubliez pas non plus votre protection à la maison sur

vos machines personnelles : maintenez à jour vos antivirus, assurez-vous de télécharger vos mises à jour de sécurité, et faites attention aux liens sur lesquels vous cliquez à la maison comme au travail (en fait, inquiétez-vous plus chez vous, car au travail, nous faisons énormément pour vous protéger).

Votre directeur informatique
Dominic Inatacable

****

J'ai de plus en plus un gros doute, là…

Il a l'air vraiment pas rassuré, notre directeur informatique. Ça transpire dans ses lignes qu'il est inquiet, même si la longueur de ses messages et son ton paternaliste sont toujours aussi irritants. Je n'aimerais pas être à sa place. Il a l'air d'être en mode je serre les fesses jusqu'à ce qu'il nous arrive quelque chose. La seule chose qu'il ne sait pas, c'est quand ça va nous arriver.

Ce n'est pas fait pour me rassurer, ce message qui se veut rassurant.

Et puis, il m'agace un peu quand même à m'inquiéter comme ça sur ce qui pourrait se passer aussi chez moi, dans ma maison, sur mon ordinateur personnel. De quoi je me mêle ?

Il est vraiment plus que temps d'éteindre mon smartphone et de penser à autre chose. Je suis bien contente de ne pas travailler à l'informatique. Allez, cette fois, c'est la bonne. Il est 20 h 15. J'éteins ce fichu smartphone fil-à-ma-patte.

De : Dominic Inatacablae
A : Martin SurSonPetitNuage

Objet : Re : me rassurer sur la protection de nos systèmes

Martin
Tu trouveras ci joint mon rapport comme tu l'as demandé. Tu y trouveras l'ensemble de l'analyse de sécurité de tous nos systèmes, réalisée au printemps avec notre conseil, le cabinet OVD. Comme tu le verras, nous avons fait le nécessaire pour nous prémunir contre tous les types d'actes de cyber malveillance, et ce, depuis plusieurs mois déjà.

La partie deux te documentera sur toutes les mesures complémentaires que nous avons pris depuis le début de la semaine pour encore renforcer notre position vis à vis de l'attaque Wannacry, qui, je tenais à te le souligner, présente des caractéristiques nouvelles par rapport à ce que nous avons pu connaitre par le passé.

La partie trois te documentera sur les investissements nécessaires à l'avenir afin de continuer à renforcer notre sécurité informatique. Je suis sûr que tu y seras favorable.

Appelle-moi à ta convenance si tu as des questions,
Dom

NB : concernant l'ouverture de nos nouvelles localisations en Amérique du Sud, je tiens également à te rassurer sur le fait que nos équipes travaillent d'arrache-pied pour leur donner accès à nos systèmes d'ici la fin du mois, de façon équivalente et aussi transparente pour nos utilisateurs comme dans tous nos bureaux au niveau mondial.

Et pourtant, malgré toutes ces tentatives de protection et ces messages qui se voulaient rassurants, nous aussi, bientôt, nous n'allions avoir que nos yeux pour pleurer.

Dans le taxi qui le mène au bureau de Rio, Martin a désormais parcouru sur son smartphone les 52 diapositives du document powerpoint de Dominic en pièce jointe à son email. Martin ouvre le groupe WhatsApp que le ComEx utilise pour ses échanges.

6h02 - Rio
@Dom Merci pour le document très exhaustif sur nos niveaux de protection. Cependant, peux-tu stp m'assurer que nous sommes à l'abri et que l'attaque Wannacry en cours ne nous portera pas préjudice ? M.

10h04 - Francfort
@Martin, Les équipes travaillent jour et nuit depuis lundi. Ne t'inquiète pas. Nos pare-feux sont parfaitement opérationnels. Nous n'avons détecté aucune activité suspecte dans nos systèmes. D.

6h06 - Rio
OK. Mais ton rapport mentionne dans la partie 'état des lieux des mises à jour' qu'il est possible que certaines machines de notre parc n'aient pas encore été mises à jour. Peux-tu me rassurer sur ce point ?

10h08 - Francfort
Notre audit est formel : moins de 1% de nos machines n'ont pas effectué les mises à jour. Il s'agit de machines de personnel en absence longue. Elles sont toutes identifiées et les équipes contactent tous les employés concernés via les RH locales pour mettre à jour ces machines.

6h10 Rio
OK. Je souhaite avoir un rapport sur ces mises à jour heure par heure jusqu'à ce que nous atteignions les 100%.

10h11 Francfort
OK.

En 2007, la première cyberattaque recensée a visé une structure étatique durant plusieurs semaines. Avec des moyens suffisants pour saturer durablement les sites visés et causer un déni de service prolongé, l'attaque a émané de sites russes contre des sites de l'administration estonienne, mais aussi des banques et des journaux de ce pays. La majorité des institutions estoniennes ayant adopté une bureaucratie sans papier, c'est-à-dire entièrement informatique, et celles-ci étant reliées entre elles par le biais d'internet, ce pays se trouve alors particulièrement vulnérable à ce type d'attaque.

Cette première attaque connue a été simple mais efficace : connecter un maximum d'appareils à un même réseau et ainsi déclencher sa saturation. Cette méthode est depuis souvent utilisée pour sa discrétion au niveau de la traçabilité car elle est dirigée par une seule personne contrôlant plusieurs ordinateurs infectés. Comme il y a un afflux d'appareils, le nombre élevé d'adresses IP rend extrêmement difficile le traçage du fait du volume. C'est la méthode dite du botnet.

Les jours de travail continuaient à s'égrainer avec le même rythme effréné en ce mois de juin 2017. Les projets, les déplacements et les réunions virtuelles s'enchaînaient, les échanges de documents étaient toujours aussi frénétiques, le trafic sur les serveurs ne cessait de croître...

Toutes les équipes travaillaient sans relâche pour faire tourner les activités de la très grande entreprise très globale...

Il m'agace Dom avec ces certitudes. A sa place je serai moins confiant. Il n'a pas intérêt à se planter sur ce coup-là. Déjà que j'ai les actionnaires sur le dos pour augmenter notre rentabilité et que nos résultats sont loin d'être au rendez-vous en Asie-Pacifique. Si en plus l'entreprise se fait choper par une attaque, ce n'est pas compliqué, je vais être remercié fis ça et avoir le droit de commencer à chercher mon prochain job, songe Martin avant d'éteindre son smartphone et de rentrer en négociation avec ses partenaires sud-américains.

J O, l'attaque

Tiens, j'ai un message bizarre quand je cherche à ouvrir ce fichier Excel. Comment ça, il ne reconnaît pas l'extension ? Comment ça, le fichier est peut-être corrompu ?

Direction le « tchat » en ligne avec le IT helpdesk.

— Hello
— ....*Wait we are searching for an available agent*[3]..............

Deux minutes plus tard :
— *We are sorry, but there isn't any agent available for the moment. Try later.*[4]

Dix minutes plus tard :
— Hello. *I have an issue with an Excel spreadsheet. Can you help?*[5]
— ....*Wait we are searching for an available agent*..............

Deux minutes plus tard :
— *We are sorry, but there isn't any agent available for the moment. Try later.*

OK, je verrai ça plus tard. Il faut que je finalise la présentation à envoyer à mon collègue allemand pour

---

[3] Veuillez patienter. Nous cherchons un agent de disponible.
[4] Nous sommes désolés. Il n'y a aucun agent de disponible pour l'instant. Veuillez réessayer plus tard.
[5] J'ai un problème avec un ficier Excel. Pouvez-vous m'aider ?

une réunion en Hollande demain après-midi. Briefing prévu à 13 h 30.

13 h 22 : surgit en gros dans ma boîte mail « Nous sommes victimes d'une cyberattaque. Éteignez tous vos ordinateurs. »
13 h 23 : ordinateur éteint conformément aux instructions.

Plus d'ordinateur, donc également plus de moyen de communiquer, y compris par l'équivalent de ce que l'on appelait avant « téléphone » car maintenant, tout passe par mon ordinateur. Il me reste le téléphone portable pour le briefing de 13 h 30.

Je regarde mes mails sur mon smartphone. Apparaît un autre message : « Surtout, n'éteignez pas vos ordinateurs ! » Il faudrait savoir... De toute façon, c'est trop tard, j'ai déjà éteint le mien.

Mouvements dans le couloir. Tout le monde sort de son bureau : eh bien, ça, alors, il y a plein de gens que je ne connaissais pas et qui travaillent au même étage que moi. On devrait éteindre les ordinateurs plus souvent, ce serait plus sympa et ça faciliterait les rencontres. Au lieu de passer mes journées à discutailler avec des collègues basés aux quatre coins de la planète, je pourrais enfin nouer des relations avec mes voisins de couloir.

Brusquement, tout est bloqué. Enfin moi, en tout cas, je ne peux plus faire grand-chose. Voire je ne peux plus rien faire du tout. Ça fait longtemps que l'on m'a retiré mon téléphone fixe (je me surprends à en admirer un exemplaire avec un regard envieux sur le bureau d'une collègue du département comptable). J'arrive encore à faire un appel de mon mobile pour travailler avec une collègue basée au Moyen-Orient. Pour elle aussi, tout est bloqué et il ne lui reste, elle aussi, que son smartphone qui fonctionne et qui lui permet de téléphoner.

J'appelle mon collègue en Angleterre : on avait un entretien de recrutement ensemble cet après-midi. La vidéoconférence semble bien encore fonctionner, mais il vient de se rendre compte qu'il avait oublié de faire la réservation. Et là, comme tout est bloqué, on ne peut plus envoyer de mails (horreur), et il est bien sûr fort probable que nos collègues de l'informatique ne puissent pas déclencher la vidéoconférence.

J'appelle mon collègue allemand (lui aussi, il est bloqué). Pour la présentation pour demain, ça va être compliqué. La présentation est sur mon PC (bloqué) et je ne peux rien envoyer (pas d'e-mail). De toute façon, il ne peut plus rien recevoir (bloqué). Mais cela n'est sûrement qu'un simple contretemps. Tout va se remettre en route rapidement, avant ce soir, j'en suis persuadée, il ne peut pas en être autrement. Je me lèverai plus tôt s'il le faut pour terminer la présentation demain matin et l'envoyer à Karl-Hans.

Et là, je pense à la publicité pour le médicament qui aide quand nous sommes bloqués dans nos tuyaux à nous. Une grosse dose dans les tuyaux de la boîte, est-ce que ça aiderait à nous débloquer un peu pour que nous puissions travailler ?

Proposition de mon collègue allemand de lui envoyer la présentation sur son adresse e-mail personnelle. Certes, je pourrais refaire la présentation sur mon ordinateur personnel ce soir. Mais je n'ai pas accès à une multitude de ressources nécessaires (qui sont en ligne, accessibles uniquement via mon ordinateur professionnel, désormais bloqué).

Une pensée pour mes collègues du service informatique. J'espère qu'ils ont un téléphone rouge. Ou une armée de pigeons voyageurs, ou un cheval, ou un porte-voix pour se parler entre la France et l'Inde puisque c'est là que l'on a désormais établi le camp de base des équipes informatiques.

Et pendant que j'y suis, j'ai également une pensée pour notre directeur informatique qui nous avait envoyé ces fameux longs messages indigestes après la cyberattaque mondiale d'il y a cinq semaines. « Nous avons bien résisté. Notre sécurité est super fiable. » Péché d'orgueil, oui !

Appel et message de mon collègue en Angleterre. Je dois arranger un autre rendez-vous avec la candidate. Oui, mais je n'ai pas ses coordonnées. Son CV avec ses coordonnées est sur mon PC (bloqué).

Et me voilà qui me retrouve à travailler par textos ! Plutôt partir du bureau, au point où on en est, et attendre que tout ce bazar se calme.

Je pars du bureau. Je suis dans la rue. Je marche jusqu'à la gare.

Le temps s'écoule lentement. Sensation du temps retrouvé. Calme. Incroyablement calme.

Aucun message pour me déranger ou m'occuper (au choix) sur le trajet de retour chez moi.

John est assis en réunion depuis 1h30 à son bureau de Zurich. Une réunion de routine sur le lancement de la nouvelle ligne de produits personnalisés pour le secteur aéronautique. La présentation traine en longueur. On s'attarde sur les meilleures palettes de couleurs à proposer.

11:15 am - un message apparaît dans le groupe WhatsApp du Comex
'@john : tu es au courant du problème informatique ? W.
Euh…. Non. J.'

- Excusez-moi mais je vais devoir vous laisser terminer la réunion sans moi. Une panne informatique à régler semble-t-il. Je reviens dès que j'en sais plus et que le problème est réglé.

Sophia arrive en courant.

- John, vous êtes demandé d'urgence en salle de Téléprésence par Martin, Dominic et William.

Encore une de ces pannes serveur, marmonne John. Il va vraiment falloir que nous revoyions le contrat avec notre prestataire. Il commence à m'agacer Dominic. Je ne sais pas ce qu'il fait de ses journées, je lui en ai déjà parlé au moins trois fois depuis le début de l'année. A chaque fois, il me dit de ne pas m'inquiéter et que les discussions sont en cours. Il va vraiment falloir conclure désormais.

Le système de Téléprésence démarre. William

est avec Dominic à Stuttgart.

- John, regarde, dit William. Un de nos collaborateurs du bureau de Milan a tweeté la photo de son écran d'ordinateur.

John découvre avec un mélange de surprise et d'incrédulité la photo d'un écran noir, sur lequel s'affichent en rouge en gros caractères la mention 'You have been hacked'. Et en plein milieu, une tête de mort.

- Qu'est-ce que c'est que ce bazar, Dom ?, demande John.
- Nos équipes du support en Inde nous ont reporté un nombre d'appels soudainement en hausse depuis 30 minutes. L'origine des appels a progressé d'est en ouest. Apparemment les utilisateurs constatent des lenteurs dans l'utilisation des applications. Il parait que les écrans des ordinateurs se figent brutalement. J'ai convoqué tous les managers IT régionaux en conférence téléphonique : apparemment notre plateforme indienne semble en panique. Ils répondent que nous avons des problèmes de lenteur réseau et ils raccrochent au nez des utilisateurs !
- Mais qu'est-ce que c'est que ce bazar, Dom ?, demande Martin.

Dominic reste silencieux. Le silence fige l'atmosphère de la salle virtuelle. Tout le monde se regarde et personne n'ose dire un mot.

- Ecoute Dom, je ne remets nullement en doute tes compétences. Ton rapport était clair il y a quelques semaines. Nos systèmes sont très bien protégés. Mais j'ai un étrange pressentiment, ajoute Martin, sa voix laissant percevoir une légère anxiété.

- Martin, merci pour ta confiance. Je reste silencieux car aucune information ne remonte de mes équipes. Silence radio de la part de nos data centers. Je suis comme aveugle pour le moment. Je ne veux pas dire de bêtises ou nous inquiéter inutilement. Ce que je te propose, c'est d'envoyer immédiatement une partie de l'équipe sur les sites d'hébergement de nos serveurs à Francfort, Singapour et Darwin. Je saute dans ma voiture et je pars tout de suite pour Francfort.

- Ok Dom. Fonce et tiens-nous au courant. John, William : allons prendre un sandwich.

Martin se lève, le visage grave. C'est l'estomac quelque peu noué qu'il se dirige avec John vers l'ascenseur.

Et soudain, le grand silence...

En 2008, la Russie lance une invasion militaire classique contre la Géorgie, mais juste auparavant de vastes cyberattaques mettent à genou toutes les infrastructures du pays. L'ampleur, la coordination et le très haut degré de sophistication sont tels qu'aucun groupe de pirates indépendants n'aurait pu les mettre en œuvre. Il s'agit donc très certainement d'un État, et tous les soupçons convergent vers la Russie.

La Corée du Sud, en juillet 2009, a subi des cyberattaques à grande échelle. 25 sites dont les sites internet de la présidence sud-coréenne, du ministère de la Défense, du ministère des Affaires étrangères, de la Shinhan Bank et Korea Exchange Bank ont été touchés, sur fond de tensions avec la Corée du Nord. Selon la presse sud-coréenne, le National Intelligence Service aurait sous-entendu la responsabilité de Pyongyang, sans fournir de preuves.

Martin regarde son smartphone. Dans le groupe WhatsApp du ComEx, se trouve un message de Dom. Enfin !

'Je n'ai pas de bonnes nouvelles. Tous les serveurs sont à l'arrêt. Nous ne savons pas ce qu'il se passe. D.'

- John, qu'est-ce que tu en penses toi ? Je ne sais pas mais j'ai un étrange pressentiment qu'il ne s'agit pas d'une panne de serveur comme les autres. Je suis sans doute influencé par un terrible cauchemar que j'ai fait dans l'avion lors de mon déplacement à Rio le mois dernier.
- Écoute, je n'en ai pas la moindre idée. Mais c'est vrai que j'ai échangé avec le directeur des opérations de SmartTelcom récemment. Il me faisait part de ses craintes en rapport avec la situation en Europe de l'Est et le développement des actes de cyber guerre entre états. Mais bon, nous sommes une entreprise privée. Nous sommes en dehors de tout ceci.
- Oui, mais si nous étions touchés par rebond ?
- Ah oui, je n'y avais pas pensé.

Un nouveau message de Dom arrive dans le groupe WhatsApp

'Les premiers rapports de nos analystes ne sont pas bons. Un logiciel malveillant a bien pénétré nos systèmes. On ne sait pas où ni quand. Mais il se propage et met nos systèmes à l'arrêt. Nous avons bien fait de demander à tout le monde d'arrêter leur ordinateur et de ne pas les redémarrer. Pas moyen de vous en dire plus pour le moment. Je mobilise nos experts. D.'

- Il va falloir que l'on communique aux équipes. La situation a l'air sérieuse et risque de s'aggraver. En tout cas, nous devons tout faire pour qu'elle ne s'aggrave pas et redémarrer les systèmes dans la nuit, déclare John.

Martin sombre dans ses pensées : mais qu'est-ce qu'on va bien pouvoir dire ? Que l'on n'a rien à dire ? Qu'on ne sait pas ce qui se passe ? Non ce n'est pas possible. Tout le monde a compris que les ordinateurs ne devaient pas être redémarrés. Mais personne ne doit comprendre pourquoi. Et dans tous les cas, même si on trouve quelque chose à dire, comment allons-nous communiquer avec nos équipes ? Tous les ordinateurs sont débranchés et les boîtes mails déconnectés. Mince, nos bureaux Outre-Atlantique. Le sang de Martin ne fait qu'un tout.

- John, je viens de penser à quelque chose. Dom nous dit que le logiciel malveillant se propage rapidement. Nous avons demandé à toutes nos équipes en Europe et en Asie de débrancher leur machine. Mais regarde, il est 15h et bientôt nos collègues aux Etats-Unis et en Amérique du Sud vont se connecter. Nous devons tout faire pour empêcher la propagation à nos réseaux Outre Atlantique. Il ne faut pas qu'ils allument leur machine !
- Martin, tu as raison. Et dire que notre architecture qui permet à tout le monde de travailler et collaborer facilement quelle que soit sa localisation géographique, est en train de se retourner contre nous.

Martin écrit à Dom dans le groupe WhatsApp :
'Dom, sais-tu si le virus s'est auto-détruit ou si il est encore possible qu'il soit encore dissimulé dans nos systèmes ou un de nos matériels ? '

- Martin, nous devons appeler Dom. Il doit nous en dire plus, dit John en proie à une bouffée d'impatience. Nous devons comprendre ce qu'il se passe et avoir des données pour décider ce que nous devons faire. Les équipes doivent se bouger que diable !
- Écoute, John, je te comprends. Mais nous ne pouvons quand même pas l'appeler toutes les cinq minutes.
- Oui tu as raison. Bon, écoute, de toutes les façons, nous avons plus urgent à faire. On va se répartir la tâche aussi avec William. Nous allons appeler les directeurs de chacun de nos bureaux aux US et en Amérique du Sud sur leur portable. Un par un, pour leur dire ce qu'il se passe. Et surtout pour qu'il communique des instructions aux équipes dans chacun des bureaux afin que personne ne mette en route une quelconque machine au moment de l'embauche.

Les jours d'après, dans une grande entreprise internationale où tous les moyens de communication ont été brutalement interrompus...

J+1, début de matinée, la stupeur

Ce matin, en me levant, je me suis dit : allez, c'est une mauvaise blague. Ça va repartir. Tout le bastringue va se remettre en route.

Sur le chemin du bureau, je me surprends à regarder d'un œil vide mon téléphone portable, ce « smartphone » qui semble ne plus rien avoir de bien intelligent[6] en cet instant, et plus particulièrement ma boîte e-mail qui s'est figée hier, à 13 h 22. Avec ces derniers messages : « Nous sommes victimes d'une cyberattaque. Éteignez tous vos ordinateurs. » Et le suivant : « Surtout, n'éteignez pas vos ordinateurs. »

Depuis, plus rien.

Le grand vide.

Le rien abyssal.

Rien à lire. Rien pour s'agiter. Rien pour se démener. Et mon calendrier en ligne s'est vidé d'un coup d'un seul. Effort de mémoire : qu'est-ce que j'avais sur mon agenda aujourd'hui ? Un grand vide aussi dans ma tête. Je me souviens bien vaguement d'un ou deux rendez-vous. Mais sans plus.

Arrivée au bureau. Dans le hall d'accueil, le silence.

---

[6] *Smart* = intelligent en anglais

Les réceptionnistes ont le regard perdu sur les écrans noirs des PC et des téléphones fixes. Si le téléphone trône encore devant elles, son écran reste désespérément éteint et lorsque l'on décroche le combiné, c'est le grand vide, le grand silence, le grand rien.

Pas de tonalité.

Rien.

Non, c'est une blague, cette histoire d'attaque ? Et puis, une attaque, ça fait du bruit, ça casse des choses. Nos ordinateurs sont toujours intacts (enfin, en apparence), les bureaux sont toujours debout, et nous, les collaborateurs, nous sommes toujours là, bien vivants.

Et d'abord : ils sont où, les pirates ? Que je sache, personne n'a vu Johnny Depp débarquer à l'accueil ! Ni de cyborg version Schwarzenegger. Oui, parce que moi, cette histoire de cyber, ça me fait un peu penser à *Terminator*. Surtout l'épisode où on voit la genèse des machines et de la puce qui va prendre le pouvoir sur l'humanité. J'ai vraiment les chocottes. Hier matin, quand le réveil a sonné comme d'habitude pour aller au bureau, vraiment, je ne m'attendais pas à ça. Peut-être valait-il mieux ne pas savoir ce qui allait se passer, d'ailleurs. Sinon, je ne me serais peut-être pas levée.

Non, non, ce n'est pas possible. Pas nous. Pas <u>aujourd'hui,</u> alors que je devais envoyer la présentation à Karl-Hans en Allemagne pour sa réunion de demain à Amsterdam. Non. Et dire qu'hier, en finalisant le document (sur mon disque dur), j'ai vaguement pensé à me l'envoyer par e-mail comme cela m'arrive de temps en temps. Au cas où... Et que je me souviens avoir pensé : mais non ! Que veux-tu qu'il se passe entre maintenant et demain ? Et que toute la matinée, j'ai voulu la lui envoyer à Karl-Hans, la présentation, mais j'avais toujours quelque chose d'autre que je trouvais plus important à faire d'abord. Je procrastinais joyeusement. Et là, eh bien voilà, c'est trop tard. À quoi ça tient, quand même, tout ça.

Me voilà Gros-Jean comme devant. Remarque, même si je m'étais envoyé la présentation par e-mail hier, vu que je ne peux pas accéder à mes courriers électroniques, cela ne m'aurait pas servi à grand-chose. Et puis, Karl-Hans, s'il n'avait pas imprimé son e-ticket, il doit être à la peine pour faire son déplacement demain.

Pourquoi nous ? Quelqu'un peut-il nous en vouloir ? On a des dossiers risqués quelque part ? Un client pas content ?

Je monte à l'étage où se trouve mon bureau dans une confusion intellectuelle totale. Sans ces repères qui étaient devenus des habitudes de travail bien ancrées, je me sens complètement perdue, déboussolée, inexistante, impuissante, vidée avant même d'avoir commencé ma journée.

Tout est encore étrangement calme.

Quelques collègues errent comme moi dans les couloirs. Mais nous n'osons pas échanger un mot. Nous voulons faire comme si de rien n'était. Nous ne réalisons pas.

J+1, début d'après-midi, la panique

Les heures s'égrènent, et ça commence à faire long à rester là en attendant qu'il se passe quelque chose. Et toujours ce silence.

La tension monte, la panique gagne du terrain. Les affaires doivent reprendre. Nous ne pouvons pas rester dans une telle situation. Je dois communiquer. Si je ne peux pas communiquer, je ne suis plus rien. Enfin, mon travail n'est plus rien.

Sur l'heure du déjeuner, je décide donc de m'atteler à récupérer les numéros de téléphone de quelques-uns de mes collègues pour échanger sur la situation. Je n'ai pas le cœur à manger quoi que ce soit, et puis si jamais tout se remettait en route d'un seul coup (ce qui ne va pas manquer d'arriver, j'en suis sûre), je préfère être aux premières loges et dans les starting-blocks pour rattraper le retard dans mon travail. Mais d'ici là, priorité aux numéros de téléphone.

Premier dilemme : comment récupérer des numéros de téléphone sachant que l'annuaire (interne à l'entreprise) qui me permet d'accéder à tous ces numéros est un annuaire en ligne ? Il est donc uniquement accessible via mon ordinateur professionnel (toujours bloqué en position éteint) ou via mon smartphone (toujours déconnecté de tous nos systèmes internes). Je me mets à songer avec nostalgie au bon vieux bottin de mon enfance, celui en papier gris blanc et celui en papier jaune. Je m'abandonne à cette douce pensée des numéros alignés les uns en dessous des autres, avec les noms de leur propriétaire classés par ordre alphabétique. Au moins, celui-là, à moins d'un incendie, on l'avait toujours sous la main. Je me souviens de ce papier si fin, qu'il fallait faire très attention en tournant les pages, sinon elles risquaient de se déchirer. Et il y avait cette odeur si particulière de l'encre sur le papier qui s'échappait de ce très gros livre pour venir effleurer mes narines. C'est sûr que de telles sensations ne se sont jamais produites chez moi en cherchant le numéro d'un collègue dans l'annuaire en ligne. Même s'il a bien pu m'arriver de m'attarder sur une photo d'un collègue particulièrement séduisant. Ou de me faire la remarque que la photo de cette collègue du troisième étage ne ressemblait pas vraiment à l'originale que j'avais justement croisée à la cafétéria le midi.

Je sors de ma rêvasserie. Qu'est-ce qu'il m'arrive, de rêvasser comme ça au travail ? C'est vrai que mon bureau est toujours bien silencieux. C'est vrai qu'il ne se passe toujours rien dans ce grand vide que mon ordinateur éteint me renvoie à la figure.

Second dilemme : je réalise que je dois récupérer les numéros de téléphone portable des collègues avec lesquels je dois absolument communiquer. En effet, j'ai rapide confirmation que notre réseau de téléphone fixe est dans un état que nous qualifierons de « mort », « dead », « à plat », « raide sans vie »... Enfin, je n'arrive pas à trouver de mot plus fort pour dire qu'il n'est pas près de réagir. Et je dis ça car, quand je vois l'état du poste téléphonique de mes quelques rares collègues qui en ont encore un... Comme l'ordinateur : éteint, sans vie, sans bruit, sans sonnerie, sans rien. Réduit à une coque en plastique avec un écran terne. Les collègues de l'étage passent régulièrement décrocher le combiné pour écouter si la tonalité libératrice de nos angoisses est revenue. Mais non. Rien. Le grand silence au bout du fil qui désormais ne nous relie plus à rien du tout. Si ce n'est à l'éternité silencieuse.

Je repense à tout le cinéma pour passer nos lignes de téléphone en mode IP. En mode IP, ça veut dire que désormais nos voix passent par le réseau internet. Et plus par le tuyau par lequel elles passaient avant (ne me demandez pas lequel, mais il y en avait un autre, et d'ailleurs j'espère qu'il existe encore, cet autre tuyau, et que l'on va nous trouver rapidement un moyen de faire une dérivation pour nous rebrancher dessus).

Alors évidemment, nos ingénieurs informaticiens surdiplômés, surexpertisés, surorganisés, surstructurés, et finalement bien trop sûrs d'eux n'avaient juste pas imaginé un quart de centième de milliseconde qu'un jour le tuyau d'internet pourrait se couper, ou se boucher ou même pire encore être tout bousillé de l'intérieur par une bestiole tueuse. Et maintenant, on y est. Comme le tuyau est tout cassé, eh bien, plus rien ne passe dedans : ni les données, ni les fichiers, plus aucun 0 ou 1, plus rien, et notre voix non plus par la même occasion, sachant qu'elle, elle n'avait rien demandé à personne et se contentait très bien de son petit tuyau personnel.

Je sors de ma rêvasserie. Qu'est-ce qu'il m'arrive, de rêvasser comme ça au travail ? C'est vrai que mon bureau est encore toujours terriblement silencieux. C'est vrai qu'il se passe toujours moins que rien de rien dans ce vaste océan assombri de l'écran de mon ordinateur, toujours éteint mais qui continue malgré tout à envahir mon champ de vision.

Réfléchissons. Faisons preuve d'imagination. Comment puis-je faire pour récupérer les numéros des téléphones portables de mes collègues...

Aucune information. Sans doute car nous n'avons aucun moyen d'en recevoir ! En tout cas par les canaux auxquels nous sommes habitués depuis plusieurs années maintenant, bien entendu, c'est-à-dire les e-mails. Après quelques échanges avec des collègues que je connais à peine dans les bureaux proches du mien, je me rends rapidement compte que nous sommes tous dans le même désœuvrement. Abandonnés à nous-mêmes et ne sachant que faire, tels de jeunes enfants en attente des instructions de leur maîtresse. Nous n'avons pas vu notre collègue de l'informatique de la journée. Le seul qui nous reste au bureau de Strasbourg. La patronne de notre bureau est en déplacement à New York cette semaine. Comme beaucoup, en ce milieu d'après-midi, je décide donc de rentrer chez moi tôt au lieu de continuer à m'angoisser sur la situation. Demain, tout sera remis en route, j'en suis sûre.

Pendant mon trajet de retour chez moi, mon smartphone toujours désespérément inactif, une seule pensée tourne dans ma tête : ce n'est pas possible, cette situation ne va pas durer, car elle ne peut pas durer très longtemps. Et les gars du service informatique, ils ont pensé à tout. Ils ont forcément tout sauvegardé quelque part et ils vont tout nous rétablir en deux coups de cuiller à petits pots. Ce n'est pas compliqué. On a forcément un serveur de secours quelque part, voire plusieurs, où de toute façon tout était bien à l'abri. Demain, c'est sûr, tout redeviendra comme avant. Sûr et certain.

- Dis-moi John, tu as vu les nouvelles ce matin ? Nous ne sommes clairement pas les seuls à être touchés par l'arrêt forcé de nos systèmes.
- Oui Martin. J'ai eu des connaissances au téléphone et il semblerait que d'autres organisations soient dans une galère similaire à la nôtre.
- Écoute, soyons réaliste. Je ne pense pas que nos réseaux seront à nouveau en fonction avant la fin de la journée pour nos bureaux européens. Cependant, demandons à Dom de faire tout son possible pour que les systèmes soient remis en route pour l'ouverture des activités en Asie Pacifique afin de minimiser les pertes.

WhatsApp de Martin à Dom :
'Peux-tu me confirmer que nos systèmes pourront être relancés dans la nuit afin que nos bureaux d'Asie Pacifique puissent travailler normalement demain matin pour eux ? Merci. M.'

- Martin, nous devons également prévenir nos clients.
- Oui, John, tu as raison. Disons à toutes les équipes opérationnelles d'appeler leurs clients pour leur dire ce qu'il se passe. Nous devons rester au contact de nos clients quoi qu'il arrive.
- OK. Mais tu proposes que nous disions quoi ?
- Et bien je propose de leur dire de communiquer que 'nous sommes victimes à l'heure actuelle d'un dysfonctionnement de nos systèmes informatiques. Nous anticipons quelques perturbations de courte durée. Nous nous assurerons que toutes les livraisons seront honorées.'
- Très bien. Allons y. Transmettons ce message par WhatsApp à tous les membres du comité de direction et aux responsables de bureaux pour qu'ils instruisent les équipes terrain.

Dans les années 2009-2010, le monde occidental s'inquiète de la prolifération de centrales nucléaires en Iran, officiellement civiles. Tous les médias s'interrogent régulièrement sur la probabilité d'un raid israélien qui permettrait d'en détruire au moins une, mais soulignent que cela serait techniquement extrêmement risqué, impliquerait le survol de plusieurs pays qui s'y opposeraient et pourrait résulter en une réplique démesurée de l'Iran, comme l'envoi de missiles à longue portée sur les principales villes d'Israël.

La cyberattaque qui va paralyser la centrale nucléaire de Bouchehr permet d'atteindre l'objectif visé (mettre la centrale iranienne hors d'état) sans prendre le moindre risque ni humain, ni politique, ni militaire. Elle va consister à paralyser les ordinateurs de la centrale avec un ver d'un niveau de sophistication extrême qu'Israël et les États-Unis sont hautement soupçonnés d'avoir créé.

Le ver impliqué s'appelle Stuxnet. Il est authentifié par Windows comme étant sans danger. Il utilise des clés numériques de sécurité volées dans des entreprises de logiciels de Taïwan. Il a transité jusqu'à la centrale par des clés USB, donc avec des complices humains, le réseau informatique de la centrale n'étant pas connecté au monde extérieur. Il a déréglé le contrôle des automatismes, des robots, de la distribution d'électricité, tout un système de pilotage complexe fabriqué par l'Allemand Siemens. Le malware est passé inaperçu pendant des mois, causant progressivement de nombreux dégâts dont le dérèglement de centrifugeuses conduisant à leur destruction physique. Le développement d'un tel ver a nécessité probablement un investissement de plusieurs millions de dollars.

J+2, le traumatisme

5:00 am CET.

L'absence d'informations a rendu plutôt angoissante la nuit de Martin qui a très peu dormi. Quel grand vide vertigineux de ne pas savoir ce qu'il se passe et surtout quoi faire ou décider. Le smartphone de Martin sonne.

- Martin ? C'est Dom. J'ai des nouvelles.
- Ah excellent. Je t'écoute.
- Nous savons quelles sont les origines de l'attaque, Martin. Nous sommes également maintenant au clair sur les conséquences et ce que nous devons mettre en place pour relancer nos systèmes. Le logiciel malveillant s'est introduit dans nos systèmes lors de la mise à jour, par notre bureau de Kiev, du logiciel MeDoc. Il s'est ensuite propagé de machine en machine, a chiffré les disques durs puis s'est auto-détruit. C'est un acte de terrorisme de la Russie. Notre serveur en Ukraine est donc le patient zéro, celui qui a été le premier infecté. Les autorités judiciaires nationales et américaines m'ont contacté.
- Ah oui ? Qu'ont-ils dit ?
- Et bien, qu'ils ne pouvaient pas nous être d'un très grand secours. Ils ont compati à ce qu'il nous arrivait et ils nous ont demandé de leur transmettre une copie de notre patient zéro dès que nous l'aurions récupéré.
- D'accord. En tout cas, ça ne va pas beaucoup contribuer à relancer nos activités ! Mais il doit bien y avoir une organisation pour nous aider nom de Dieu !
- Et bien, tu ne vas pas être ravi d'entendre que j'ai contacté notre syndicat professionnel pour voir ce qu'il pouvait faire. Tu sais ce qu'ils m'ont répondu ?
- Dis-moi ?

Après quelques secondes de silence, Dom répond :
- Bonne chance.
- Bien. Puisque nous devons nous en remettre qu'à nous-mêmes, faisons appel à nos prestataires IT avec lequel nous travaillons. Qu'en penses-tu ?
- Oui de toutes les façons nous devons agir. J'ai horreur de rester les bras croisés. Nous avons la survie de nos activités en jeu. Je contacte de ce pas tous nos prestataires IT. Notre priorité est de relancer les serveurs de messagerie pour que nos équipes puissent à nouveau accéder à leurs emails. Nous avons perdu nos réseaux mais nos data centers fonctionnent. Nous allons nous en sortir, Martin, je suis confiant. Je te tiens au courant.
- OK. Il est temps de nous retrouver tous physiquement à Amsterdam pour gérer ce grand bazar.

A peine après avoir raccroché, Martin sent l'angoisse monter en lui. La survie de l'entreprise est entre mes mains mais je n'ai pas la moindre idée par quoi nous devons commencer. Quoi décider ? Et surtout comment avec si peu d'informations disponibles ? Au diable je ne suis pas expert en informatique ! Si seulement j'avais pu prévoir.

Martin jette à nouveau un œil à WhatsApp. Un nouveau message de Dom.

'L'information vient d'être confirmée. Tous nos backups ont été détruits. Notre conseil que j'ai mobilisé cette nuit a partagé avec moi que, face à l'ampleur des dégâts et à cette situation complètement inédite, la reconstruction de nos systèmes devrait prendre au moins six mois. Dom'

Le sang de Martin ne fait qu'un tour ! Ce n'est pas possible. Nous n'y survivrons pas. Nous devons tous nous mobiliser pour redémarrer bien plus rapidement.

'@William @John @Dom : sautez dans le premier avion pour Amsterdam. Nous devons piloter cette crise au plus juste avec nos partenaires déjà engagés. Il y va de la survie de notre organisation. M.'.

Le réveil sonne. 6 h 30.

Ce matin-là n'est pas un matin comme les autres. Il est un matin post-traumatique. Et je le réalise car une émotion m'envahit brutalement au son du réveil. Celle d'avoir été brutalement attaquée. D'avoir été victime d'une véritable intrusion. Personnellement. Il ne s'agit pourtant que de mon outil de travail. Mais je me sens atteinte personnellement. C'est moi aussi que l'on a véritablement agressée. Je reste quelques instants dans mon lit à rêvasser. À quoi bon me lever trop vite ? Je n'ai plus d'accès à rien, mon calendrier est vide, je ne me souviens déjà plus de ce que je devais faire. Je ne fais plus aucun effort de mémoire depuis déjà pas mal de temps puisque tous mes rendez-vous sont immédiatement disponibles dans mon calendrier en ligne. Il me suffit de le consulter quand je veux, à l'heure que je veux et où que je sois pour savoir ce que je dois faire dans l'heure qui suit. Oui, mais là, j'ai beau tripoter mon smartphone (qui n'a toujours plus rien de *smart* si ce n'est son design), mon calendrier reste désespérément vide. Rien. Pas un rendez-vous, pas une réunion, pas une seule conférence téléphonique. Rien. Et ma boîte mail : immobile. Figée sur ce dernier message reçu il y a deux jours à 13 h 22 : « Nous sommes victimes d'une cyberattaque. Éteignez tous vos ordinateurs. » Et le suivant : « Surtout, n'éteignez pas vos ordinateurs ! » Ces deux derniers messages tournent en boucle dans ma tête. Et depuis, plus rien. Rien de rien. Le grand vide. Abyssal. Océanique. Cosmique.

Je me ressaisis : eh bien, voici une belle

occasion de prendre mon temps ce matin ! Je petit-déjeune tranquillement, j'écoute les informations et j'échange sur la journée à venir avec mes enfants. Pour une fois, je ne cours pas. Pour une fois, je ne suis pas déjà préoccupée dès le saut du lit par la réunion qui s'annonce difficile en fin de journée avec les Américains. Je marche tranquillement jusqu'à la gare. La ligne ne fonctionne pas bien. Je me surprends à ne pas m'en inquiéter. Un train bondé entre en gare. Je me recule sur le fond du quai. Je prendrai le suivant. Je ne tente même pas de monter, ce que je ferais d'habitude avec acharnement, à tout prix (et à quel prix !), poussant mes voisins pour me faire une petite place pour arriver cinq minutes plus tôt au bureau (il y a un train toutes les cinq minutes le matin sur la ligne). Le train suivant arrive. Bondé lui aussi. Pas grave. Le trafic reprend. Je prendrai le suivant.

Je regarde celles et ceux qui tueraient père et mère pour monter dans la rame. Je me surprends à les plaindre : les pauvres, ils n'ont pas la chance, finalement, de travailler pour une entreprise qui a été victime de la cyberattaque d'il y a deux jours, eux. Moi, finalement, quelle chance, je peux enfin prendre mon temps. Le temps des choses. Le temps de vivre. Le temps d'aller tranquillement à mon travail. Enfin, ce qu'il en reste.

Bouffée d'angoisse. Que vais-je trouver en arrivant au bureau ? Qu'y aura-t-il derrière la porte du grand hall d'entrée ? Vais-je retrouver cette animation bourdonnante synonyme d'activité ? Ou bien le grand silence me jaillira-t-il encore une journée de plus à la figure ?

Je pousse la grande porte du hall.

Et c'est à nouveau le silence. Les réceptionnistes regardent toujours d'un regard vide leur écran d'ordinateur éteint. Je n'ose même pas lancer ce « Bonjour ! » joyeux que je leur adresse d'habitude le matin en arrivant.
Je bredouille :
— Euh... Bon... Bon... jour. Toujours rien ce matin ?
— Non. Toujours rien.
Je soupire. Je me reprends et je souris.
— Allez. Je suis sûre qu'aujourd'hui, nos systèmes vont redémarrer. Passez une bonne journée.
Je m'engouffre dans l'ascenseur.

J'arrive à mon étage. Un groupe s'est formé autour de la machine à café. Incroyable. La machine à café de notre étage a décidé de rendre l'âme. Nous sommes cinq à la regarder d'un œil torve, sans dire un mot, interloqués : même elle ! Mais qui nous veut tant de mal ?

Je me dirige tel un automate vers mon bureau. J'en arrive à entendre le crissement de mes chaussures sur la moquette tellement le silence est pesant.

— Salut Christian.

Christian, c'est lui qui distribue le courrier. Depuis déjà plusieurs années, il voit désespérément son volume de distribution diminuer. Il se demande même depuis plusieurs mois si son poste ne va pas être supprimé. Il se sent en sursis. Plus personne n'écrit sur du papier, n'est-ce pas ? Christian pousse son chariot dans lequel bringuebalent tant bien que mal deux enveloppes à timbrer et trois enveloppes marron, les fameuses enveloppes du courrier interne à l'entreprise. Alors, comme l'activité de courrier « réel », c'est-à-dire avec du papier et des enveloppes, s'est réduite comme peau de chagrin ces dernières années, on a aussi donné à Christian un certain nombre de nouvelles responsabilités : vérifier les machines à café, mettre du papier dans les imprimantes, s'occuper des fournitures, distribuer les badges aux nouveaux arrivants. Son métier a bien changé. Mais malgré tous ces événements, il est toujours là avec son grand sourire.

Silence. Le grand silence. L'immense silence.

L'énorme machine multifonction qui fait office de photocopieuse / imprimante / scanner n'émet plus aucun son. Elle est parfaitement immobile, elle qui d'habitude ronronne tout doucement en mode attente lorsque j'arrive le matin. Avant de se mettre à trembloter légèrement plus tard dans la matinée lorsqu'elle avale les feuilles de papier à copier et rejette les copies dans le bac accroché en son flanc. Mais ce matin, elle se repose. Elle est en pause. Elle fait la morte. Telle une grosse tortue en mode hibernation.

J'ai beau secouer mon smartphone (pas trop fort quand même), lui aussi n'émet plus aucun son. Plus aucun petit gazouillis ne se produit pour me signaler qu'un message arrive. Plus de vibration galvanisante pour me rappeler que dans quelques minutes je dois entrer dans la réunion suivante. Plus de sonnerie d'appel à la mode électronique via mon ordinateur (toujours désespérément éteint) pour me faire prendre un air important et occupé en prenant l'appel via le casque avec son micro bien vissé sur mon crâne à longueur de journée. Encore quelques secondes de gagnées pour la prise de l'appel en évitant ce geste ancestral qui consistait à décrocher un combiné. Le dring-dring des téléphones gris à cadran ne résonne plus que dans les mémoires usées de celles et ceux qui n'ont plus que ça à faire de leur journée : se souvenir

« comment c'était avant tout ce bastringue », qui en plus vient de décider de nous claquer entre les doigts. Tiens, comme le clic du combiné que l'on reposait sur les picots en plastique jaunâtre qui vous donnait ou coupait la tonalité, c'est-à-dire l'accès à la ligne.

Un silence assourdissant je vous dis.

Je repense également dans ce silence à toutes ces années qui ont été nécessaires pour nous faire passer du papier à l'électronique. La bibliothèque était moribonde. Un petit malin (ou une petite maline) nous a posté au mur un rappel : la bibliothèque est toujours là, elle, avec tous ses ouvrages et journaux papier bien réels, et en pleine forme, eux. Si nous voulons les consulter, ils sont toujours là et bien accessibles, eux. Na. Ce petit poster a un air de revanche. Dans un autre contexte, on aurait pu croire que c'était une bonne blague. Mais là, quel soulagement de se dire que tout n'a pas complètement disparu avec l'extinction de nos bécanes.

Je continue ma progression dans le couloir. Les portes des bureaux sont ouvertes. Et là, je vois l'ordinateur d'un collègue. Sur l'écran noir est inscrit en lettres rouges :

« Ooops, vos fichiers ont été cryptés. Si vous voyez ce message, vos fichiers ne sont plus accessibles, car ils ont été cryptés. Peut-être que vous recherchez un moyen de récupérer vos fichiers, mais ne perdez pas votre temps. Personne ne peut récupérer vos fichiers sans notre service de décryptage. »

Oh là là ! Le pirate nous parle. Ce n'était pas une blague, on nous a bien attaqués. Enfin, que dis-je le pirate, le rançonneur, oui ! Un bandit qui nous a volé nos données, qui les a toutes mélangées dans un embrouillamini indescriptible pour que l'on ne puisse plus les lire et qui nous les désembrouillera de la mélasse produite si on lui paye un gros paquet d'argent.

Je le rassure de suite, le pirate, je ne vais pas perdre mon temps à essayer de récupérer les fichiers qui étaient sur cet ordinateur qui appartient à Jean-Louis. Je les lui laisse. Parce que les données qu'il a récupérées sur l'ordinateur de Jean-Louis qui n'en branle pas une de ses journées, même toutes mélangées, je ne suis pas sûre que cela va avoir beaucoup de valeur. Quand tu mélanges du vent avec de l'air (ce que Jean-Louis faisait à longueur de journée en produisant des *slides* traduites en beaucoup de zéros dans les cases de son disque dur) à part un grand courant de vide, je ne vois pas bien ce qu'il a pu produire d'autre de bien intéressant, le pirate. Donc qu'il se le garde, le grand vide, l'océan de rien, l'univers d'inexistence inutile qui occupait les mégaoctets de l'ordinateur de Jean-Louis. Quand on mélange des zéros avec des zéros, eh bien, c'est probable que cela fasse toujours zéro. Bien pointé. Ou, bien évidemment, la tête d'un fameux petit bonhomme qui doit bien rigoler en se promenant dans les couloirs du service de décryptage du pirate.

Mais qu'est-ce que je raconte ? Je crois que la journée va à nouveau être longue et douloureuse, comme hier. Je commence à me faire à l'idée que « tout ça » ne va pas redémarrer si facilement et surtout pas rapidement, le bandit n'ayant pas l'air d'être dans la catégorie des commodes.

Allez, en attendant, je vais ranger quelques papiers. Et puis on verra bien demain.

J+3, reprendre le fil alors qu'il a été coupé ?

Arrivée à mon bureau. Dessus, il y a toujours mon ordinateur, désespérément éteint. Et puis une feuille de papier qui me fait un drôle d'effet en la voyant. Elle est toute griffonnée : dessus, il y a une liste de noms avec des numéros de téléphone. Cela me revient maintenant : hier après-midi, j'ai passé trois heures à chercher les numéros des collaborateurs de mes équipes et des personnes avec lesquelles je me dois de communiquer dans les jours qui viennent. Le temps est devenu élastique. Dans l'absolu, dans des temps que je qualifierais de « normaux », il faudrait que je communique avec ces personnes dans les minutes ou heures qui viennent. J'ai beaucoup de projets à faire avancer, de nombreuses opérations dont je dois m'assurer du bon fonctionnement. Mais il est vrai que dans les conditions actuelles, je revois mes ambitions à la baisse. À une très sérieuse baisse. Et de toute façon, à quoi cela sert-il ? Tout est à l'arrêt.

Je regarde à nouveau la feuille de papier. Il y a cinq noms et cinq numéros écrits dessus. J'en ai encore une bonne cinquantaine à trouver. Je me sens tout à coup un peu démoralisée. Hier, j'ai déjà passé trois heures sur le sujet et je n'ai été capable de retrouver que cinq numéros de téléphone. Des numéros de portables, bien entendu. Les fixes ne servent à rien. Eh bien, avec une productivité pareille, je vais mettre un siècle à reconstituer l'annuaire interne de l'entreprise ! Allez, sus à la productivité. Je dois aller à l'essentiel.

Je me replonge dans les priorités : dans une telle situation, que je n'avais bien entendu jamais envisagée, je ne sais plus comment m'y prendre, ayant perdu tous mes repères. D'ailleurs, j'imagine que personne dans l'entreprise n'avait jamais envisagé non plus une situation pareille, même Dominic, à commencer par lui, alors que c'est (devrais-je dire c'était ?) quand même son boulot, non ? Certes, il nous avait envoyé ces fameux messages qui m'avaient bien laissé penser que tout n'était pas une question de « si » mais plutôt une question de « quand ». Par contre, je suis persuadée qu'il n'avait pas imaginé un scénario où vraiment tout serait planté. Plus aucun moyen de communiquer entre nous. Car s'il y avait pensé, eh bien, après trois jours de grand vide, voire bien avant, tout le bastringue serait déjà reparti ou on nous aurait déjà basculés sur un système parallèle. À tous les coups, il n'y avait pas pensé à ce scénario catastrophique, voire apocalyptique, de la grande déconnexion.

Je me mets à imaginer ce que l'équipe de direction, à commencer par l'équipe informatique, est en train d'essayer de faire. Le Dominic, il est basé à Amsterdam. Notre PDG, quant à lui, est basé à Madrid. Au-delà des équipes locales, le gros des équipes informatiques est au Portugal et en Inde. Je me demande encore une fois comment ils font pour se parler. Remarque, ils ont bien dû se regrouper quelque part pour gérer le merdier. Oui, parce que là, dans l'instant, tout cela doit sûrement ressembler à une grosse bouse. Je ne sais pas encore ce qu'il a bien pu se passer, sauf qu'en regardant les informations à la télévision hier soir, j'ai cru comprendre que la bestiole qui s'en était pris à pas mal d'entreprises il y a trois jours, elle était plutôt de la catégorie des pas commodes, genre je détruis tout sur mon passage. Alors, j'ai toujours cette image, quand nous sommes en difficulté, de l'Anglais sur son champ de ruines qui allume un cigare, ou se sert une tasse de thé, au choix. Le fameux flegme britannique. Allez, dans la bande du comité de direction, il y en a quelques-uns, des Britanniques. Ça devrait nous aider dans cette mauvaise passe.

Avec tout ça, je n'ai toujours pas vraiment avancé dans mes recherches de numéros de téléphone. Oh là là, mais j'y pense, nous avions une réunion pour réviser notre stratégie commerciale pour une de nos lignes de produits dans dix jours à Bruxelles. De mémoire, il y avait au moins une cinquantaine de personnes invitées. Venant d'un petit peu partout. Si la lumière ne revient pas rapidement dans nos systèmes informatiques, nous allons avoir tous autre chose à faire pour rattraper tout le manque à gagner de ces derniers jours. Ou plus rien du tout à faire en fait. Enfin bref, il faut absolument que je décide avec mon chef (basé à Genève) si nous maintenons ou pas cette réunion dans le contexte actuel. Bon, allez, au boulot. D'abord, retrouver le numéro de mon chef, ensuite la liste des invités. Que je n'ai pas. Je n'imprime quasiment plus rien. Et les invitations étaient gérées par l'équipe à Bruxelles. Donc je dois aussi retrouver en second lieu le numéro des équipes de Bruxelles.

> Grattage de méninges. Comment faire...
> Tiens, je viens de recevoir un texto.

« Salut Angeline. C'est Patrick. Je viens de

trouver ton numéro. Voici donc le mien. Patrick Duchemin. »

Je saute sur mon téléphone et je m'empresse de pianoter le numéro de Patrick (basé à Lyon).

Après moins d'une demi-sonnerie, Patrick décroche.
— Oh, Patrick, comme ça me fait plaisir que tu décroches ! C'est Angeline au téléphone. Comment ça va, pour vous, à Lyon ?
— Eh bien, écoute, ce n'est pas folichon. Ce n'est pas encore la panique, mais nous sommes tous très inquiets. Et puis, on ne sait pas du tout ce qu'il se passe. C'est le silence total. Tous nos moyens de communication sont coupés. Et pour vous, à Strasbourg ?
— Ce n'est pas terrible non plus. On ne sait pas trop quoi faire en fait. On attend. On se dit que tout va bien finir par repartir. Ces écrans noirs, ça fout le cafard. Tu sais ce qu'il s'est passé, toi ?
— Je n'en ai pas la moindre idée. Comme toi, j'imagine, on nous a demandé d'éteindre nos ordinateurs mardi. Et depuis, plus rien. Victor, le patron du bureau, n'a pas été très loquace. Il semble inquiet. J'ai compris que les patrons avaient une conférence téléphonique ce soir pour faire un point sur la situation. Pour le moment, les consignes, c'est de ne pas bouger. D'appeler les clients pour s'assurer qu'on n'a pas de loupé. Il paraît que tout devrait se remettre en route avant le week-end.

— Bon, écoute, on verra bien. Ici, à Strasbourg, Martine n'est pas là. Tu sais, elle vient d'être nommée responsable du bureau au début du mois. Elle était en déplacement aux États-Unis cette semaine. Elle rentre demain, je crois. Elle devrait nous en dire plus. Ça va être son baptême du feu si la situation reste en l'état trop longtemps. Elle va sans doute regretter d'avoir pris le job ! Mais au fait, dis-moi, comment as-tu fait pour trouver mon numéro de portable ? Ça m'intéresse vraiment car j'ai plein de personnes à contacter (à commencer par John à Genève) pour voir ce que l'on fait pour une réunion prévue à Bruxelles dans dix jours. Et j'avoue que je ne sais pas trop où chercher.... Tu crois que l'on a un annuaire papier avec tous les numéros de la boîte dans chaque bureau ?

— Je fais face au même problème. Et aux mêmes questions ! Ton numéro, je l'ai retrouvé dans ta signature de messages électroniques. J'ai eu de la chance. Comme tu m'avais envoyé un message mardi matin avant tout ce foutoir, il fait partie des quelques e-mails que je vois encore sur mon smartphone. Après, concernant le numéro de John, tu vas peut-être le trouver sur le site externe. Je crois que tous les membres du comité de direction ont l'obligation d'y publier leur numéro de portable pour pouvoir être appelés par les clients.

— OK. Je vais aller regarder. Enfin, si notre site fonctionne encore !

— Écoute, oui. Bizarrement, mais aussi heureusement, il fonctionne encore. Un client me l'a confirmé ce matin.

— Bien. Merci, Patrick. Ça m'a fait du bien de te parler. Je me sentais un peu seule ces dernières heures.

Je ne manque pas de collègues à Strasbourg, mais depuis la nouvelle organisation, je dois bien reconnaître que je travaille plus avec des personnes comme toi et aux quatre coins de la planète qu'avec mes voisins de couloir ! Je te laisse. Il faut vraiment que je trouve le moyen de contacter John. Et sûrement dans la foulée tous nos invités de la réunion de Bruxelles. Et je sens que ça va me prendre quelques heures de trouver tous ces numéros de téléphone (si je les trouve) et puis d'appeler tout le monde.

— Oui, pas de souci. Et puis n'hésite pas à m'envoyer par texto les noms des personnes que tu dois contacter. Je peux peut-être en retrouver quelques-uns de mon côté dans mon carnet d'adresses ou que sais-je. Et puis, ça m'occupera ! ajoute Patrick dans un éclat de rire.

— OK, super, merci. Bonne journée à Lyon.
— À toi aussi. Salut.

Je me demande vraiment comment le comité de direction fait pour se parler et avoir un numéro de conférence téléphonique. Bon, j'y réfléchirai plus tard. Direction le site externe depuis mon smartphone. Il n'y a pas à dire, c'est petit, un écran de smartphone. Et pas très pratique pour travailler. Mais je ne vais pas en plus faire la difficile. Lui, au moins, il fonctionne. Après quelques minutes de recherches sur le site, je trouve enfin la rubrique présentant les contacts des principaux responsables des lignes de produits, listés par ordre alphabétique. Je me précipite sur la fiche de John. Quel soulagement ! Y figure en belle position son numéro de téléphone portable. Je le note immédiatement sur ma feuille et dans mes contacts sur mon téléphone. Et je m'empresse de lui envoyer un texto.

« Bonjour John. C'est Angeline. Quand peut-on s'appeler ? J'aimerais discuter avec vous de la situation et d'une éventuelle décision à prendre quant à la réunion de Bruxelles prévue dans dix jours. Voulez-vous la maintenir ? Si vous souhaitez annuler, il va falloir prévenir tout le monde d'ici lundi. »

Eh bien, c'est sûrement un des plus longs textos que je n'aie jamais écrits. Et je ne sais pas pourquoi, mais en cet instant, une petite voix au fond de moi me murmure que je ne suis qu'au début de ma peine.

Bon. En attendant que John me réponde, je vais essayer de trouver le numéro de mes collègues de Bruxelles. Effort de mémoire.... Voyons, voyons... Cate, bien sûr. Mais zut je ne me souviens plus de son nom de famille. Et puis Cate, c'est avec un C ou avec un K ? Mince alors, je ne suis pas sûre.

Texto à Patrick : « Salut Patrick. Tu n'aurais pas le numéro de Cate ? Je ne me souviens plus de son nom de famille. Tu sais, la responsable communication basée à Bruxelles. »

Attente de la réponse...

Texto de Patrick : « Kate Vandevelde ? Non je ne l'ai pas. Je vais chercher. »

Mais oui, bien sûr ! Kate Vandevelde. Bon, j'ai retrouvé dans mes contacts le numéro de portable de Jane Smith qui travaille dans la même équipe. Elle est la responsable communication du bureau de Londres.

Texto à Jane Smith : « Bonjour Jane. C'est Angeline de Strasbourg. Je cherche désespérément à joindre Kate Vandevelde du bureau de Bruxelles. Tu n'aurais pas son numéro de portable par hasard ? » (en anglais).

Attente de la réponse.

Ce n'est pas très rapide, tout ça. Il est déjà presque 11 h et j'avance au rythme d'un escargot qui aurait marché dans de la glu. Et toujours pas de nouvelles de John. Mais que je suis bête : je peux aussi essayer de l'appeler, John. D'habitude, je lui parle toujours par e-mail ou par le « tchat » interne. Tellement il est occupé, c'est quasiment impossible de l'avoir au téléphone, sauf si bien sûr tu as calé un rendez-vous téléphonique avec lui sur un sujet très précis. Mais dans la situation actuelle, peut-être décrochera-t-il ? Qui n'ose rien n'a rien. Le coup mérite d'être tenté.

Connexion... Numérotation... Tiens, ça me change...
Sonnerie une...

Sonnerie deux...

— Bonjour, John à l'appareil.
— Oh, John, bonjour ! C'est sympa de décrocher. C'est Angeline à l'appareil. Comment allez-vous ? Vous avez vu mon texto pour la réunion de Bruxelles ? Qu'en pensez-vous ?
— Ah, Angeline, bonjour. Écoutez, je vais entrer en conférence téléphonique avec l'équipe de gestion de crise. Je ne peux pas vous parler maintenant. Pouvez-vous me rappeler à 13 h 30 ?
— Bien sûr, John. Je vous rappelle à 13 h 30. À tout à l'heure.
— Merci. À tout à l'heure, Angeline.

Eh bien, ça, alors. Direct je l'ai eu au téléphone. Et me voilà avec un rendez-vous à assurer à 13 h 30. Ça va presque faire toute ma journée. Rien à voir avec mes journées de ces derniers temps où j'enchaînais les conversations téléphoniques toutes les heures avec même pas deux minutes entre deux pour aller aux toilettes.

Je le note où, ce rendez-vous ? Parce que je me rends compte que je n'ai plus d'agenda non plus avec toute cette histoire. Lui aussi il est aux abonnés très absents. Quand je le consulte sur mon smartphone, il reste désespérément vide. Et puis, je ne sais pas si je peux l'utiliser. Je me note ce rendez-vous sur un post-it. Et si ça se prolonge, j'irai m'acheter un agenda papier à la librairie du coin. Je colle le post-it sur le capot fermé de mon ordinateur. J'ai aussi le grand écran éteint comme espace de collage de post-it. Au moins, mon matériel me servira à quelque chose.

11 h 30. Déjà ?!?! Mais je n'ai rien fait. Mais vraiment rien fait et il est déjà 11 h 30. Que j'y pense, il faut absolument que je récupère cette liste d'invités. À tous les coups, John va me la demander pour prendre sa décision. Alors, je me souviens bien de quelques noms de mémoire, mais de la liste complète, certainement pas. Il faut absolument que je trouve le numéro de Kate. Pas de nouvelles ni de Patrick ni de Jane sur le sujet.

Un texto arrive : « Salut Angeline. C'est Vincent à Lille. Je viens de trouver ton numéro. Tu n'aurais pas par hasard le numéro de Patrick à Lyon ? Je dois absolument le joindre pour une réunion client que nous avons demain. »

Vite, j'ajoute Vincent Brulé dans mes contacts. J'en ai quatre maintenant avec Jane, Patrick et John. Ça avance et surtout ça peut servir.
Texto à Vincent : « Salut Vincent. Merci de m'avoir contactée. Voici le numéro de Patrick. Et toi, de ton côté, tu n'aurais pas par hasard le numéro de Kate Vandevelde à Bruxelles ? »
Réponse de Vincent : « Kate Vandevelde +32 987589591. » Excellent ! Me voilà sauvée. J'appelle Kate.

— Kate Vandevelde, bonjour.
— Kate, bonjour, c'est Angeline de Strasbourg. Comment ça va à Bruxelles ?
— Eh bien, c'est un peu étrange. On ne sait toujours pas très bien ce qu'il se passe. Et j'avoue qu'à chaque heure qui s'écoule nous nous demandons si tous nos systèmes vont bien finir par repartir. Pour le moment, on est encore OK, mais si lundi la situation est toujours la même, ça va commencer à être chaud.
— Je suis bien d'accord. Dis-moi, Kate, je t'appelle car je parle à John à 13 h 30 au sujet de la réunion que nous avions dans dix jours à Bruxelles comme tu le sais. Il va falloir que l'on décide si on maintient ou pas. J'ai vraiment besoin de la liste des personnes que nous avions invitées. Et je n'ai accès à rien. Un comble ! Et dire que c'est moi qui l'organise, cette réunion. Comme tu as pris en charge toutes les réservations, je me demandais si tu en avais un exemplaire sous la main ?

— Écoute, je vais voir avec Melissa. C'est elle qui s'en est occupée. Elle est dans le bureau d'à côté. Je vais la voir et je te tiens au courant. À plus tard. »

12 h 15. Eh bien, avec un tel niveau de productivité, je ne suis pas rendue. Dans l'immédiat, je ne peux toujours pas faire grand-chose. Profitons-en pour aller faire un tour et déjeuner. Au moins, ça m'occupera. Et puis, ça me détendra, et voilà une belle occasion de faire la connaissance de Paul, mon voisin du bureau d'à côté, tout aussi désœuvré que moi.

13 h 30. Retour au bureau pour appeler John. Bien sympa, ce déjeuner. Et je suis vraiment contente d'avoir eu cette occasion de faire plus ample connaissance avec Paul, qui s'occupe des finances du bureau de Strasbourg. J'en ai appris des vertes et des pas mûres sur son département et en plus il a répondu à des questions que je me posais sur la préparation du budget ! Et puis, maintenant, nous nous sentons tous les deux un peu moins seuls face aux difficultés et au chaos de ces dernières heures. Les collègues des finances sont vraiment inquiets : comment vont-ils faire pour facturer les clients à la fin du mois si les systèmes ne repartent pas dans les prochaines heures ?

Texto de John :
« Angeline, je suis désolé, je ne peux pas vous parler maintenant. Appelez-moi vers 15 h plutôt. »
« OK, pas de problème »
Je n'ai même pas besoin de regarder mon agenda que je n'ai plus. Je sais pertinemment que je n'ai rien à 15 h, vu qu'il ne se passe plus rien et que je ne

peux plus rien faire depuis maintenant trois jours.

13 h 45. Texto de Kate. Avec une photo. Un MMS donc. « Salut Angeline. Heureusement, Melissa avait imprimé la liste des participants pour ta réunion. Je t'en ai fait une photo. J'espère que ça pourra t'aider. »

Quel bonheur ! Une photo floue envoyée par texto pour accéder à une liste de participants. En 2017. J'hallucine. Mais depuis quelques heures, un rien me contente et plus rien ne me surprend.
J'agrandis péniblement la photo sur le petit écran de mon téléphone. Zut, il n'y a que les noms et les adresses e-mail. Pas un seul numéro de téléphone sur la liste.

Je recopie consciencieusement les cinquante noms des invités sur une feuille de papier A4. Je redécouvre mon écriture avec une drôle d'impression car je n'avais pas écrit sur un papier avec un stylo depuis bien longtemps.

14 h 45. La liste est recopiée. Maintenant, trouver les numéros de téléphone. Direction le site internet externe pour trouver les numéros des trois membres du comité de direction, qui, comme John, doivent y figurer. Je trouve bien les numéros de Brian Callum et de Vincent Martin. Mais allez savoir pourquoi, le numéro d'Alexander Tyndon ne s'y trouve pas.

15 h. J'appelle John. Qui décroche après une

sonnerie. Décidément, je vais avoir du mal à m'y faire qu'il décroche dès que j'appelle.

— Angeline, j'imagine que vous m'appelez pour la réunion de Bruxelles. Faites vite, je dois aller sauter dans un avion pour rejoindre l'équipe de crise à Amsterdam. Vous avez pu avancer et contacter les participants ? Qu'est-ce qu'on fait ?

Comme il y va, le John. Je crois qu'il ne réalise pas bien combien ma productivité a chuté depuis trois jours avec tout ce bazar.

— Écoute, John, ce n'est pas si simple. Je suis arrivée à récupérer une liste des participants par Kate à Bruxelles mais il va falloir trouver le moyen de contacter tout le monde. Mon avis ? Je suis mitigée mais honnêtement, si tout ne se reconnecte pas très vite, je pense que tout le monde va avoir autre chose à faire dans les semaines qui viennent.

— On aura des frais d'annulation ?

— Écoute, John, franchement, à ce stade je ne sais pas. Il faudra que je trouve un moyen d'accéder aux contrats de réservation. Mais je me dis que de toute façon, plus on attend, plus ça risque d'être compliqué.

— OK, Angeline. Écoute, on annule, tu as raison, c'est plus prudent. On replanifiera la réunion sur fin juillet ou début septembre. La priorité, c'est donc que tu contactes tout le monde pour que chacun prenne ses dispositions. Bon, je te laisse. Et tiens-moi au courant.

— OK.

— Ah oui, avant de te laisser : essaye de créer un groupe WhatsApp pour tenir tout le monde au courant. On vient de faire ça avec l'équipe de direction. C'est plutôt efficace pour communiquer en attendant que tous les systèmes redémarrent.

— Bonne idée. Mais je croyais que l'on nous avait demandé de ne pas utiliser WhatsApp pour des raisons de sécurité ? (sic).

— Oui, Angeline, tu as raison. Mais franchement, dans la situation actuelle, je crois que nous n'avons pas vraiment le choix que de prendre ce risque. Je t'avoue que certains membres du comité de direction ont découvert ce qu'était WhatsApp hier et qu'ils n'en avaient jamais entendu parler avant que l'on ait créé notre groupe ! Tu le gardes pour toi ?

— Oui, oui, t'inquiète. Entre nous, ça ne m'étonne pas, ce que tu me dis. Bon, allez, je te laisse, je sais que tu es pressé. Et puis, moi, j'ai un peu de monde à contacter si tu vois ce que je veux dire.

— On se tient au courant. Bon courage. Salut.

— Salut, bon courage à toi aussi.

À peine raccroché, je réalise que John et moi, nous nous sommes tutoyés. Toute cette aventure nous rapprocherait-elle les uns des autres ? Dans la difficulté, soyons solidaires, et avec ce bel élan, un langage qui nous rapproche. Cohérent. Et puis, cette histoire de groupe WhatsApp est vraiment rigolote. En plus, c'est une bonne idée. Mais ça ne change pas le fait qu'il va falloir que je trouve les numéros de téléphone portable de nos cinquante participants ou que je les trouve sur WhatsApp s'ils ont déjà un compte. Allez, au boulot. Enfin, ce qu'il m'en reste.

Il est 15 h 15, je n'ai quasiment rien fait (enfin, moi, c'est l'impression que ça me donne à ce stade de la journée), et pourtant je me sens épuisée.

Tiens, qu'est-ce qu'il se passe ? J'ai reçu cinq textos et deux invitations WhatsApp.

« Bonjour, c'est Carl Bellamy (bureau de Londres). J'envoie ce message à tous mes contacts pour savoir si quelqu'un pourrait me transmettre le numéro de téléphone portable de Valentine Vermeil au bureau de Strasbourg ? »
« Bonjour, c'est Andrew Smith de Brighton. Quelqu'un pourrait-il me transmettre le numéro de Cornelius Kehling du bureau de Munich ? C'est urgent, pour terminer une proposition client que nous devons rendre demain. »
« Quelqu'un a-t-il un moyen pour joindre Marco Menoni du bureau de Milan ? C'est urgent. Chris Brown (New York) »
« Message de Valentine Vermeil à tous ses contacts : avez-vous le numéro de portable d'Andrew Smith ? »
« Ici Cornelius Kehling, bureau de Munich. Je dois joindre Peter Van der Trak du bureau d'Amsterdam pour terminer une proposition. Avez-vous son numéro de portable ? Et j'ai créé un groupe WhatsApp pour la propale sur le projet Werter. N'hésitez pas à faire passer le message. »

C'est quoi, ce grand bazar ? Je ne suis pas contre aider quelques collègues, mais moi aussi j'ai des numéros de téléphone à chercher. Allez, je suis sympa, j'envoie à Andrew Smith le numéro de Cornelius Kehling. Et j'en profite pour ajouter dans mon carnet d'adresses tous les numéros des personnes dont j'ai reçu un texto. C'est toujours ça de pris. En repartant ce soir, j'essaierai de passer voir Valentine Vermeil pour lui dire que Carl Bellamy cherche à la joindre et lui donner son numéro au cas où elle ne l'aurait pas. Échangeuse de numéros de téléphone, voilà mon nouveau boulot.

16 h. Je recopie consciencieusement dans un texto la liste des noms des quarante-deux personnes invitées à la réunion de Bruxelles dont je n'ai pas le numéro. Cinquante, moins John, Vincent et Brian, moins cinq autres que j'ai eu la chance de retrouver rapidement car je les avais dans mon carnet d'adresses. Et allez, moi aussi j'envoie un message à tout mon carnet d'adresses pour savoir si quelqu'un n'a pas un des numéros qu'il me manque encore. Un petit peu bouteille à la mer comme technique, mais je crois que je n'ai pas vraiment le choix.

17 h 30. Je suis épuisée. Quelle expérience que le travail par texto. Ce n'est décidément pas très productif. Bon allez, je me rentre. C'est déjà trop, émotionnellement, pour aujourd'hui.

18 h. Dans mon train. Zut. J'ai oublié de passer voir Valentine Vermeil avant de partir.

Bureau d'Amsterdam - fin de journée

Martin prend la parole :
- Nous ne mesurons pas forcément l'énormité de la tâche qui nous attend. Mais nous n'avons pas le choix. Nous ne sortirons pas d'ici tant que nous ne serons pas certains que nos activités ont été remises en route. Nous avons engagé pendant la nuit une équipe de réponse à cyber incident. Ils sont déjà au travail sur site ici à Amsterdam et à Francfort. Ils nous ont assuré qu'ils allaient nous sortir de cette ornière. Ils vont nous donner la structure et le rythme dont nous avons besoin pour mener à bien la restauration de nos systèmes et de nos activités. Une structure que, je vous avoue, nous serions bien incapables d'avoir. Soyons honnête avec nous même, aucun d'entre nous dans cette salle n'a été formé ni entrainé pour faire face à de tels événements. Par ailleurs, notre conseil a eu accès à notre documentation de réponse à une cyber crise. Nous avons eu une conférence téléphonique avec eux ce matin à 10h avec Dom. Il est clair qu'à la vue de la bataille que nous devons mener, ce plan de réponse, que nous avions travaillé et imaginé l'an passé, nous a semblé bien naïf et donc complètement inapproprié face aux événements qui se déroulent depuis mardi.

Martin sent à nouveau son estomac se nouer avec la panique. Il prend une grande respiration et ferme les yeux.

- Martin, tu vas bien ? demande William.

Silence.

- Écoutez-moi bien. Nous ne devons pas nous laisser aller à la panique. Nous avons une structure apportée par nos conseils. Accrochons-nous-y et gardons le cap.

23h00 CET

Dom entre dans la salle d'où n'ont pas bougé Martin, Williams et John puis prend la parole.

- Les équipes de notre conseil ont désormais rejoint nos équipes IT à Amsterdam pour y installer la salle de crise. Nos équipes IT travaillent non-stop sans avoir dormi depuis maintenant deux jours. Notre stratégie à ce stade est de nous concentrer sur la restauration de nos emails en mode mobile.
- D'accord. Mais Dom, en restaurant les systèmes, ne va-t-on pas faire face à une nouvelle salve de la part du virus qui les a pénétrés ?
- Oui, il y a un risque. Mais que pouvons-nous faire d'autres ? Nous devons bien relancer notre service de messagerie pour pouvoir à minima communiquer à peu près normalement avec nos équipes et surtout avec nos clients ?
- Mais nous risquons aussi peut-être d'aggraver encore plus la situation ?
- Il y a une rumeur dans les équipes comme quoi nos identifiants de connexion ont été compromis. Ces identifiants, avec leurs mots de passe, seraient déjà en vente sur le darkweb.
- De mon côté, dit Martin, j'ai contacté deux de nos clients qui eux aussi ont été touchés par cette attaque. Nous nous sommes tout de suite accordés pour partager toutes nos informations et travailler ensemble à livre ouvert. J'ai par ce biais appris que leur équipe de spécialistes avait approché le hacker en lui demandant de pouvoir accéder au code de déchiffrement contre un paiement en bitcoins.

- Je recommande que nous ne payions aucune somme d'argent. De toutes façons, les dégâts sont déjà là et nous n'avons aucune garantie que le programme de déchiffrement, si nous le recevons, sera efficace.
  - Mais qui sont ces gens ? Que nous veulent-ils ?
  - C'est comme si le ciel nous était tombé sur la tête. En plus, nous ne savons même pas si d'autres orages vont encore s'abattre sur nous.

Mais d'où peut bien venir cette bestiole ?

Selon la société américaine Akamai Technologies, au deuxième trimestre 2014, les dix principaux pays d'origine des cyberattaques sont :

1 Chine : 43 % des attaques
2 Indonésie : 15 % des attaques
3 États-Unis : 13 % des attaques
4 Taïwan : 3,7 % des attaques
5 Inde : 2,1 % des attaques
6 Russie : 2 % des attaques
7 Brésil : 1,7 % des attaques
8 Corée du Sud : 1,4 % des attaques
9 Turquie : 1,2 % des attaques
10 Roumanie : 1,2 % des attaques

Je me souviens vaguement d'une réunion où certains de mes collègues autour de la table, à commencer par mon chef, avaient mentionné certains des pays dans la liste ci-dessus, en disant qu'ils ne savaient pas trop bien comment en gérer les activités, qu'il allait falloir être créatif, que si on avait des idées, elles étaient bienvenues. Mais que pour le moment, on les laissait de côté, que cela ne servirait à rien de s'en occuper. Que l'on verrait plus tard.

Eh bien, on vient de voir... En direct live... Ça me dégoûte...

Il est rentré, le ver. Le malware[7] qui porte bien son nom. Par une petite porte dérobée, par une faille des quelques fenêtres de la muraille de notre réseau interne qui nous sépare du monde extérieur.

Pour entrer, il s'est fait tout petit, tout fin, tout discret. Il s'est peut-être tapi dans un recoin pendant quelque temps. Le temps d'observer. Le temps d'attendre le meilleur moment pour passer à l'attaque. Il a reniflé. Ça sentait bon à l'entrée des tuyaux. Il y avait

---

[7] *Malware* = logiciel malveillant

un bon fumet de bonnes grosses données à dévorer dont il allait se délecter.

Il s'est ensuite déplacé, d'abord discrètement, dans les méandres des tuyaux qui nous interconnectent. Au passage, dès qu'il voyait une donnée, il la capturait, la malaxait, puis la stockait dans une de ses multiples poches cadenassées. Chaque cadenas a un code connu de lui seul. Si la donnée avait une tête qui ne lui revenait pas, il la détruisait.

Et dire qu'il est entré dans ma machine. Elle n'était pas protégée.

J'imagine la bestiole se propageant partout, à une vitesse folle, dans tous les recoins des serveurs, détruisant tout sur son passage, se gorgeant de données. Elle devait en baver de plaisir de ce festin de données. De bien grosses et grasses données. Uniques ou dupliquées, confidentielles ou publiques. Elle s'est gavée et elle en est devenue obèse et huileuse, dégoulinante. Si grosse qu'elle n'aurait pas pu ressortir par la petite porte utilisée pour entrer. Ça, c'est sûr.

Ça me dégoûte rien que d'y penser. J'étais en train de travailler comme si de rien n'était alors que la grosse bestiole se promenait tranquillement pas loin en se gavant de mes tableurs Excel et présentations PowerPoint sur son passage.
Puis, tout d'un coup, on a éteint la lumière, on a baissé les portes anti-intrusion pour stopper la propagation. Et elle s'est retrouvée coincée, la bestiole.

Qu'a-t-on envoyé dans les tuyaux pour l'achever ?

En 2011, c'est un deuxième ver encore plus élaboré qui apparaît, dénommé Flame, et qui semble avoir un lien de parenté avec Stuxnet.

En mai 2011, c'est au tour de Lockheed Martin, entreprise majeure du secteur de l'armement aux États-Unis, qui fabrique notamment les avions de combat F-16, de subir de plein fouet une cyberattaque massive dont l'origine n'est toujours pas officiellement connue. Tous ses systèmes informatiques ont été paralysés pendant plusieurs heures et tous ses codes de sécurité ont été dérobés.

En juin 2011, on apprend le piratage de plusieurs centaines de comptes Gmail appartenant à de hauts fonctionnaires américains, des dissidents chinois, des responsables de plusieurs pays asiatiques, des militaires et des journalistes. Selon Google, l'origine de cette cyberattaque se situe à Jinan, où se trouve un commandement militaire chinois, et surtout une école formée avec le soutien de l'armée, qui avait déjà été accusée d'avoir pénétré les serveurs de Google l'année précédente. La Chine a démenti.

En septembre 2011, une vague d'attaques informatiques est orchestrée au Japon, tout particulièrement contre des sites internet du gouvernement.

En juin 2012, jusqu'à 80 millions de dollars sont détournés dans une vague de cyberattaques visant des banques américaines, européennes et latino-américaines.

J+4, tiens bon

Ce texte a été posté sur le mur à côté de la machine à café pendant la nuit.

Propos sur le bonheur, par Alain

Une Cure

... « Moi, dit l'autre, je fais depuis quinze jours une cure de bonne humeur, et je m'en trouve très bien. Il y a des temps où les pensées deviennent âcres, où l'on critique tout avec fureur, où l'on ne voit plus rien de beau ou de bien, ni dans les autres, ni dans soi-même. Quand les idées tournent de ce côté-là, cela signifie qu'il faut faire une cure de bonne humeur. Cela consiste à exercer sa bonne humeur contre toute mauvaise fortune et surtout contre les choses de peu, qui vous feraient partir en imprécations, si l'on n'était justement dans la cure de bonne humeur. Alors, ces petits ennuis sont au contraire très utiles, comme les côtes pour vous faire des mollets. » ...

... « Il y a, dit encore l'autre, des gens ennuyeux qui se réunissent pour récriminer et geindre ; on les fuit en temps ordinaire, mais dans la cure de bonne humeur, au contraire, on les recherche ; ils sont comme des ressorts pour la gymnastique en chambre. Après avoir tiré sur les plus petits pour commencer, on arrive à tendre les gros. » ...

... « Les choses, dit encore l'autre, sont souvent bonnes aussi, je veux dire mauvaises autant qu'il faut pour une cure de bonne humeur. Un ragoût brûlé, du vieux pain, le soleil, la poussière, des comptes à faire, la bourse presque à sec, cela donne de précieux exercices. On se dit, comme à la boxe ou à l'escrime : "Voilà un maître coup qui m'arrive ; il s'agit de le parer ou de l'encaisser proprement." En temps ordinaire, on se met à crier, comme les enfants, et l'on est si honteux de crier que l'on crie encore plus fort. Mais, en cure de bonne humeur, les choses se passent tout à fait autrement ; on reçoit la chose comme une bonne douche, on se secoue, on hausse les épaules en deux temps, et puis on étire ses muscles, on les assouplit, on les jette les uns sur les autres comme des linges mouillés ; alors, le flot de la vie coule ainsi qu'une source délivrée, l'appétit va, la lessive se fait, la vie sent bon. Mais, dit-il, je vous laisse, vous avez maintenant des figures épanouies ; vous n'êtes plus bons à rien pour ma cure de bonne humeur. »

Bon courage à tous, a signé quelqu'un de l'étage.

Ça va mieux maintenant après cette jolie lecture source de sérénité. Un peu longue, mais désormais j'ai de nouveau le temps de lire en entier un texte un peu long. Allez, au boulot, et dans la bonne humeur !

Et de la bonne humeur, il m'en faut vraiment car j'ai un gros paquet de textos à lire. Sur le toujours très petit écran de mon smartphone. Textos auxquels vient s'ajouter désormais une longue liste de notifications sur WhatsApp, en l'occurrence des invitations à rejoindre une multitude de groupes qui se forment désormais.

Je regarderai cela plus tard. Dans l'immédiat, mon urgence, c'est de contacter les participants à la réunion de Bruxelles et donc de dépouiller les textos que je trouve en réponse à celui que j'avais envoyé hier soir.

Sur les quarante-six numéros qu'il me manquait, j'en retrouve par ce biais vingt-quatre. C'est déjà pas mal. Maintenant, j'en ai vingt-deux pour lesquels je me rends compte qu'il sera beaucoup plus compliqué que prévu de les retrouver.

Tout d'abord, je découvre que certains invités n'ont pas la chance d'avoir un numéro de téléphone portable professionnel (avec le combiné qui va avec, cela va sans dire). Je me mets à rêvasser encore une fois et à me demander si nous pouvons considérer comme une chance ou non d'avoir un téléphone portable professionnel ? Quand je repense au désagrément que cela me crée finalement, je ne suis plus bien sûre que ce soit un avantage. Dans la liste, certains de mes contacts déjà rétablis m'ont transmis un numéro de portable personnel d'un collègue qu'ils avaient dû obtenir par je ne sais quel moyen. C'est gênant de contacter des collègues sur leur portable personnel, mais bon, il s'agit d'une situation vraiment exceptionnelle.

En parallèle, je crée moi aussi mon groupe sur WhatsApp tout en recopiant consciencieusement les numéros de téléphone sur ma feuille de papier qui se noircit d'informations à mesure que les minutes s'égrainent, ce qui me donne vraiment l'impression d'avancer et je retrouve une sensation oubliée de « concret ». Je vois ce que je produis et ce que je fais. J'appelle mon groupe « Réunion de Bruxelles », pas très original mais explicite. Certes, ceux que j'ai contactés via leur numéro de portable personnel apparaissent avec une photographie pas toujours très professionnelle. Et je découvre donc des collègues sous un jour nouveau, en maillot de bain ou avec une canne à pêche à la main, quand ce n'est pas sur une photo avec tous leurs bambins.

C'est quand même un peu laborieux. Mais maintenant que le temps a passé et que le bastringue tarde toujours à repartir, il n'y a pas d'autres choix que de s'atteler à la tâche avec les moyens du bord.

Il est déjà midi. J'ai avancé, mais je ne suis pas au bout de mes peines. D'autant plus que je viens de découvrir que j'ai trois participants qui devaient venir d'Australie. Avec le décalage horaire et le temps de voyage pour eux, il faut vraiment que je me dépêche pour les contacter.

Une fois encore aujourd'hui je ne comprends pas pourquoi je me sens si fatiguée à la mi-journée alors que j'ai l'impression de n'avoir quasiment rien fait. Et quand j'y pense, toute cette longue carrière derrière moi, ces formations supérieures et ces expériences multiples, ces responsabilités grandissantes pour me retrouver à constituer une liste de numéros  de téléphone de cinquante personnes sur un papier pour ensuite les contacter ! Ça me déprime sur-le-champ. Je vais aller faire un tour pour déjeuner dehors, ça m'aérera les neurones. Décidément, je passe mon temps en pause déjeuner depuis une semaine.

De retour de pause déjeuner. Je me sens bien. J'ai respiré. Je n'ai pas le ventre qui gargouille ou qui gonfle (au choix) d'avoir avalé trop vite un en-cas indigeste.

Au boulot.

J'ai déjà des questions de certains participants dans le groupe WhatsApp dans lequel je suis déjà arrivée à réunir trente personnes. C'est pas mal. D'habitude, tout le monde est méga occupé et ne répond que difficilement à mes sollicitations.

Je leur envoie un message :
« Bonjour à tous, Nous sommes en train de décider avec John ce que nous allons faire pour la réunion de Bruxelles. Il est fort probable que nous annulions au vu de ce qu'il se passe. Je vous tiens au courant. Il me manque toujours les numéros de David Morton (Dubaï), Stacia Willem (Luxembourg), Vladimir Aztinovitch (Moscou) et Carola Liu (Pékin). Si l'un de vous a un ou plusieurs de ces numéros, merci de me les faire passer. Angeline. »

Texto à John :
« Bonjour, John. Juste pour te dire que j'ai maintenant, comme tu as vu, créé un groupe WhatsApp avec quasiment tous les participants de la réunion de Bruxelles. Il me manque encore quelques numéros mais ça devrait être bon d'ici ce soir. Alors, on décide quoi ? »

Réponse de John cinq minutes plus tard :
« Angeline, je pense que nous devons annuler. Le problème est plus sérieux que prévu. Nous devons tous être avec les clients. Je te laisse faire le nécessaire. »
« OK. »

Comme il y va, le John. Je te laisse faire le nécessaire ? Je crois qu'il ne se rend pas bien compte des conditions dans lesquelles nous travaillons tous depuis quelques jours. Je suis passée discuter avec mes collègues de la comptabilité tout à l'heure. Ils ne peuvent juste rien faire maintenant qu'ils ont terminé le rangement de leur bureau, rangement qu'ils remettaient aux calendes grecques depuis dix ans. Ils viennent de décider de descendre dans le patio pour que l'un d'entre eux les forme aux fonctionnalités avancées d'Excel (sur leurs ordinateurs personnels – oui, parce que tout le monde commence à s'organiser et nombre de collègues ont fini par amener leur portable personnel pour essayer de bricoler deux ou trois choses). Et moi, je sue à grosses gouttes sur le petit écran de mon smartphone depuis quatre jours. Je sais que la génération des *millenials* arrive à créer des business à plusieurs milliards juste avec leur smartphone dans la poche, mais moi, je ne suis pas de cette génération et ça me fait vraiment suer, au propre comme au figuré, de n'avoir que mon smartphone comme outil de travail. Je suis génération grand écran, expression orale et contact visuel. Déjà que j'ai fait l'effort colossal, ces dernières années, de passer de la salle de réunion réelle avec tout le monde dans la même pièce, à la salle de réunion virtuelle avec chacun aux quatre coins de la planète, là il ne faut quand même pas exagérer. Mes capacités d'adaptation atteignent leurs limites extrêmes. Ça tend grave vers l'infini.

Mais revenons à mes travaux. Comment vais-je m'y prendre ? C'est vraiment tout nouveau pour moi de travailler par texto et WhatsApp. Et puis, il me manque encore un numéro de téléphone que je n'ai toujours pas trouvé. Celui de Stacia Willem à Luxembourg. Personne n'a son numéro. De mémoire, elle n'a été embauchée que récemment. Ce qui explique pourquoi personne n'a encore son numéro. Que j'y pense ! Je me suis connectée avec elle sur LinkedIn au début du mois. Je peux lui envoyer un message par ce biais.

À quoi j'en suis rendue quand même. Contacter des collègues via LinkedIn. Non mais je rêve.

Maintenant, je pense que le plus simple, c'est d'appeler tout le monde un par un. Ça va être un peu long, mais au moins je serai sûre que tout le monde a bien eu le message que nous annulons la réunion. Je vais aussi bien sûr poster le message sur WhatsApp.

Je passe le reste de cet après-midi à appeler chacun des participants. Ils ont quasiment tous décroché tout de suite. J'en ai profité pour faire un état de la situation dans les différents bureaux. Tout le monde galère mais on survit. J'ai aussi laissé quelques messages. Notamment à ceux qui doivent être en train de dormir à l'heure qu'il est, décalage horaire oblige.

J+4 13h04 CET

- Alors Dom, où en sommes-nous du redémarrage de notre système de messagerie ?
- Je n'ai pas de bonnes nouvelles. La situation s'avère plus complexe que nous le pensions encore hier au soir.
- C'est-à-dire ?
- Et bien ce matin, nous avons eu une très mauvaise surprise. L'équipe a reconstruit dans la nuit l'ensemble des boites email de nos 6500 collaborateurs. Malheureusement, elles sont toutes vides.
- Quoi ?
- Oui, tout a été détruit. C'est un phénomène sans précédent.
- Est-ce que je comprends donc que personne ne pourra encore travailler dans les prochaines heures ?
- Je le crains.
- Il ne sert donc à rien de maintenir nos équipes en poste. Faisons passer le message aux responsables de bureau de renvoyer tout le monde chez eux.
- Mais William, nous risquons d'engendrer la panique. Nos collaborateurs vont commencer à craindre pour leur job.
- Écoute, ce ne sera pas pire pour les équipes que de rester au bureau à se tourner les pouces.
- J'ai entendu que nombre de personnes s'étaient portées volontaires pour nous aider, faire du classement, réaliser des inventaires et du tri dans les entrepôts. Juste pour s'occuper.

J+4 14h12 CET

Message WhatsApp de Dom :
'Besoin accord urgent pour contracter avec nouveau fournisseur telecom pour envoi nouveau mot de passe de messagerie à nos collaborateurs car fournisseur actuel n'opère pas de façon fiable en Europe et en Asie Pacifique. D.
Dom, tu as carte blanche. M.'

J+4 15h27 CET

'Nouveau prestataire engagé. Cout significatif mais avons-nous le choix ? W.
J'ai contacté notre assureur pour la prise en charge de ces coûts de remédiation. Go. M.
Tout le monde a bien conscience que nous allons utiliser pour la première fois ce nouveau prestataire pour une opération critique pour notre organisation ? D.
Encore une fois, avons-nous le choix ? On tente le tout pour le tout. M.'

En cette fin de journée, à J+4 et à la veille du week-end, nous recevons tous enfin un message qui tente de nous expliquer la situation. Ce message nous arrive comme il se doit par WhatsApp qui, c'est confirmé, est devenu en quelques heures notre moyen de communication privilégié. Ce message m'arrive par de multiples relais par tous les divers groupes dont je fais désormais partie. Ce qui me confirme que personne n'est encore en mesure de communiquer avec l'ensemble des collaborateurs de façon fiable et donc que personne n'est encore arrivé à consolider l'ensemble de nos numéros de téléphone.

Ce message est signé de l'équipe qui gère la crise et qui pour l'occasion s'est baptisée l'équipe en or ! (sic). Ils ont intérêt à être à la hauteur du métal dont ils se sont baptisés. Voyons ce qu'ils ont à nous dire (traduit de l'anglais) :

****

Pour votre information - confidentiel - à ne pas partager :

Voici un petit résumé de la situation. Nous avons conscience que les progrès paraissent lents, mais nous pouvons vous assurer que nous progressons et plus particulièrement que les e-mails devraient être remis en service en début de semaine prochaine. Nous vous remercions pour votre patience et nous vous remercions de transmettre ce message à toutes vos équipes et à toutes celles et tous ceux qui se sentent isolés et « dans le noir » (sic).

Nous faisons face à une nouvelle forme sophistiquée et pernicieuse de ver qui, nous pensons, provient d'une attaque sur l'Ukraine et a été introduite dans nos systèmes par un logiciel de paie.

À ce stade, nous pouvons dire qu'il n'y a pas eu de violation de données confidentielles. Cet état de fait est désormais publié sur notre site internet. Les destinataires de nos courriers électroniques n'auront aucune raison de s'inquiéter lorsque nos systèmes seront remis en route.

Une très large proportion de nos ordinateurs a été infectée et va devoir être reconfigurée complètement avant d'être remise en réseau.

Nous sommes suffisamment avancés dans la procédure de restauration pour vous annoncer que les courriers électroniques sur les téléphones portables devraient être remis en place en début de semaine prochaine. Les utilisateurs auront accès à toutes leurs données de messagerie et la seule action que vous aurez à effectuer sera de changer votre mot de passe.

Nous aurons des accès de secours pour nos données sur le réseau.

Toujours en début de semaine, nous relancerons notre réseau, bureau par bureau, réinstallerons les connexions sans fil. Nous connecterons au réseau tous les ordinateurs qui n'ont pas été infectés, avec des accès limités pour des raisons de capacité.

Nous sommes en train de développer un guide qui vous expliquera tous les détails et que nous partagerons avec vous dans les prochaines heures.

Nous sommes en train aussi de développer un plan de communication.

L'équipe en or

****

  Comme beaucoup de monde, je retransmets ce message à mes groupes WhatsApp. Ce qui a pour conséquence que nous recevons tous plusieurs fois le même message. Mais comme nous n'avons un peu que ça à faire en ce moment, ça nous occupe.

  Ce message d'information ne nous apporte finalement pas grand-chose. Si ce n'est de nous dire que demain il fera jour et qu'après la pluie viendra le beau temps. La bonne nouvelle, c'est qu'il semblerait que pas mal de choses devraient redémarrer en début de semaine prochaine. J'ai bien aimé l'allusion à ces collègues qui sont dans le noir. C'est un petit peu comme si on nous avait éteint la lumière, cette histoire. Pour finir, il est évident que la communication par WhatsApp va nous rendre nécessaire l'acquisition de nouvelles techniques… de communication pour s'exprimer efficacement !

Nous espérons tous maintenant que cette équipe au métal précieux a les nerfs assez solides pour gérer la crise et surtout assez de jugeote pour nous permettre de retravailler correctement au plus vite. Les clients n'attendront pas longtemps pour aller trouver de l'aide chez nos concurrents.

Me voici en week-end. Je me surprends à repenser à la semaine qui vient de s'écouler. Et dire que le week-end dernier je vaquais à mes occupations comme si de rien n'était, alors que des individus devaient être en train de préparer leur coup. Et moi maintenant, en l'espace d'un événement éclair, je me demande si j'aurai encore un boulot lundi matin.

Certes, l'équipe en or s'est voulue rassurante. Tout devrait repartir normalement. Nos équipes informatiques sont en mode état d'urgence pour tout réparer pendant le week-end. Pendant que moi, je me la coule douce avec mes quelques maigres angoisses certes bien légitimes, les équipes informatiques quant à elles doivent turbiner dur.

J+5, où la créativité reprend le dessus à coup de petits bonheurs

En ce lundi matin, les groupes WhatsApp fleurissent comme les pâquerettes sur la pelouse aux premiers jours du printemps. J'en découvre de nouveaux à chaque heure qui s'écoule. Après ce week-end bien angoissant, c'est finalement bienvenu.

Les amis des ressources humaines
La communauté finances
Projet tartempion
Équipe Milan
6ᵉ étage bureau Amsterdam
Des nouvelles de l'attaque
IT au secours
Propositions pour clients secteur bancaire
Accueil clients 3ᵉ étage Francfort
Facturation fin de mois : comment faire ?
Vos propositions clients quoi qu'il arrive
Obtenir votre e-ticket sans e-mail
Réception Paris - nous joindre
Les numéros d'urgence à connaître
Trucs et astuces pour vous en sortir - IT Madrid

Je ne sais plus où donner de la tête, car je reçois des invitations à une multitude de groupes, dont, pour une grande partie, je n'ai pas grand-chose à faire. Tous ces groupes m'envoient des notifications à chaque fois que quelqu'un s'y exprime, et à la rigueur, ça rompt le grand silence ambiant.

Ce que cette situation, dramatique d'un certain point de vue (celui de l'entreprise et du profit qu'elle est censée générer), est en train de démontrer, c'est que quoi qu'il arrive, la vie, même professionnelle, reprendra toujours le dessus. Et il faut bien que nous continuions à nous activer. Nous avons une entreprise à faire tourner, que diable !

Et j'avoue qu'en ce lundi matin, à l'issue d'un briefing improvisé à l'accueil par Martine, enfin rentrée des États-Unis, je redécouvre avec une certaine saveur, non pas nostalgique, mais enfantine, comment collectivement nous réinventons au quotidien, grâce à la crise à laquelle nous faisons face, notre façon de travailler.

L'équipe de direction du bureau nous invite à boire un pot pour fêter les vacances d'été qui approchent. Le service communication n'a pas eu d'autre solution que de passer à chaque étage coller sur les portes de jolies affichettes, modèle unique :

« N'oubliez pas de venir tous pour le pot du mardi 4 juillet à partir de 18 h à la cafétéria ». Mes collègues ont dessiné des palmiers et colorié de jolies fleurs autour de cette phrase écrite à la main. On se croirait de retour au jardin d'enfants. Voilà qui est tellement plus convivial que l'invitation anonyme et terne reçue par e-mail.

Les collègues de la bibliothèque, après des années de lutte silencieuse pour ne pas disparaître face à la montée en puissance des « sources en ligne », ont retrouvé espoir. Ou est-ce du cynisme de leur part que d'avoir posté à tous les étages la liste de tous les ouvrages et journaux disponibles à la bibliothèque en consultation ? Écrite à la main. Avec des petites enluminures autour des titres.

Lorsque j'appelle des collègues au téléphone, ils décrochent ! Cela ne m'était plus arrivé depuis des années. De nos jours, quand tu appelles quelqu'un au téléphone, au mieux tu tombes sur sa messagerie vocale. Tout le monde court partout, a plusieurs téléphones (les fixes, les portables), un paquet de boîtes mail et tu n'arrives plus à joindre personne. Eh bien, là, s'il restait encore à démontrer que les messages électroniques, au lieu de nous rapprocher et de nous faciliter la communication, nous isolaient tous les jours un peu plus les uns des autres, en voilà la preuve sur pied. Coupez le flot d'e-mails et ne laissez à tout le monde qu'un seul téléphone, et chacun redevient plus disponible à la conversation.

Il y a de nouveau du bruit dans les couloirs. Du bruit de gens qui se parlent et qui échangent. Et qui rient aussi parfois. Nous voilà redevenus humains. Enfin, j'ose y croire.

Une formation a été maintenue : je descends y faire un tour. D'habitude, je n'y serais bien sûr pas allée. Pas le temps. Trop de choses à faire. Et là, incroyable, tous les participants invités sont là. Sans exception. En temps normal, le taux d'absentéisme frise les 80 %. Et les 20 % de présents « physiquement » ne daignent concentrer leur présence intellectuelle sur le sujet que trois minutes toutes les dix minutes. Entre deux lectures / réponses d'e-mails sur le portable. Lorsqu'ils ne sortent pas de la salle pour un coup de fil forcément urgent et qui réclame toute leur attention. Du jamais vu depuis si longtemps je le dis : tout le monde est là « physiquement » et aussi « intellectuellement ». Le formateur a l'air épuisé à la fin de la session. Il n'a pas dû interagir intelligemment avec des participants depuis des lustres. Il ne doit plus avoir l'habitude.

Il est 12 h 30. En temps normal, j'aurais couru comme tout le monde m'acheter un sandwich que j'aurais grignoté sans le regarder au-dessus de mon clavier d'ordinateur. Sans le regarder puisque j'aurais dévoré sur l'écran des lignes de mots, de courriers électroniques et autres textes en ligne pendant que je mâchouillais machinalement cette frugale nourriture. J'aurais nourri jusqu'à plus faim ma cervelle d'informations, délaissant les prétentions de mon estomac.

Mais là, plus d'écran à dévorer. Et si je retournais déjeuner, je n'ose dire « normalement » ? Disons, alors, comme avant ? Comme avant la déferlante électronique qui accélère tellement tout qu'elle ne nous laisse plus le temps de nourrir notre organisme correctement.

Victoire de l'estomac sur la cervelle en ces temps d'encéphalogramme électronique ultra plat.

— Salut, Victoire. Tu as quelque chose de prévu

pour déjeuner ce midi ?

— Non, rien de spécial. Tu sais, avec ce grand bazar, je suis comme tout le monde. Un peu déboussolée. Et puis, j'ai finalement pas mal de temps. Bizarre, non ? Nous qui étions hyper débordés tout le temps ces derniers mois. Cela me fait tout drôle, je ne vais pas dire que je n'ai presque rien à faire, parce qu'il y a toujours des choses à faire. Mais enfin, tu me comprends. On ne peut pas faire grand-chose en ce moment.

— Alors, tu viens déjeuner avec moi ?

— Eh bien, écoute, oui, d'accord. Ça me changera. Et puis on discutera d'autre chose, tiens. On va à l'italien ? Ça aussi, ça me changera des sandwichs et des salades !

De retour de déjeuner, je trouve un message vocal de Susie Brown, une des invitées de la réunion de Bruxelles, qui est basée à notre bureau de Sydney. Avec le décalage horaire et les difficultés actuelles de communication, elle vient seulement de recevoir le message indiquant que la réunion est annulée. Je comprends que Susie était déjà dans l'avion lorsque j'ai envoyé les messages d'annulation et que je lui ai laissé mon message vocal qu'elle a trouvé lors de son escale à San Francisco.

« Angeline, merci pour ton message. Je vais donc faire demi-tour et rentrer sur Sydney après avoir vu un client ici à San Francisco. Je n'aurai pas perdu mon temps car j'ai eu le temps de faire du shopping à l'aéroport de San Francisco avant de repartir ! » finit-elle dans un éclat de rire.

Martine est également aux petits soins pour tout le monde : en début d'après-midi, elle nous a annoncé que des boissons fraîches seraient distribuées dans les bureaux et que demain midi nous sommes tous invités à déjeuner ensemble autour d'une pizza dans le patio. Nous nous murmurons tous que finalement, ce serait bien si la situation durait encore un peu. Nous balançons entre espoir de reprise des opérations au plus vite et tentation de continuer à ce que notre équipe de management se préoccupe de notre bien-être. Voilà quelque chose qui nous change.

Je prends le temps dans l'après-midi de réfléchir au plan de lancement de notre nouvelle ligne de produits et formalise mes idées sur mon ordinateur personnel, que j'ai pensé à amener pour travailler un peu. Ma cervelle retrouve le goût de la réflexion approfondie.

Pour conclure cette journée de petits bonheurs, je reçois une invitation gratuite pour un sommet européen sur la cybersécurité. Dans une belle enveloppe blanche.

J+5 17h47 CET

'Nous sommes prêts à envoyer un SMS à tous nos employés pour les informer qu'ils vont recevoir un message par ce canal pour réactiver leur messagerie. Pour info, je n'ai pas eu le choix que de payer avec ma carte de crédit. D.
Quand recevront-ils leur nouveau mot de passe ? J.
Dans la foulé via un troisième SMS. D.
Go. M.'

J+6, des nouvelles de l'équipe en or

J+6 6h21 CET

'18000 SMS ont bien été envoyés cette nuit. D.
Top. M.
Cool. On voit le bout du tunnel. W.'

À J+6, l'habitude va désormais vite se prendre de se précipiter pour lire le message que la fameuse équipe en or nous envoie chaque matin par WhatsApp pour étancher notre soif de nouvelles fraîches sur la situation.

Le message de ce jour est le suivant :

****

1. Nous pensons que les courriers électroniques seront de retour finalement demain matin à la première heure d'ouverture de nos bureaux européens.
2. Lorsque les courriers électroniques redeviendront opérationnels, tous les collaborateurs ayant un téléphone portable recevront un texto ayant pour sujet « Message d'urgence » venant du numéro +49 657 6876582 pour les alerter.
3. Un des premiers courriers que vous recevrez vous donnera les instructions pour changer votre mot de passe.
4. Vous recevrez un deuxième courrier qui vous expliquera comment nous remettrons nos autres systèmes en route.
5. Nous avons commencé à remettre en route le réseau mais nous devons faire cette opération bureau par bureau, nous vous demandons donc d'être patients.
6. Si vous avez besoin d'accéder en urgence à un document, vous pouvez contacter Blaise Faure +32 654 655325 ou Clare Walker + 44 7654 75446 en Europe, Kate Flower à Sydney +61 654 366 654 pour l'Asie Pacifique, Jonathan Wagner +1 654 370-9876 pour

l'Amérique du Nord.
7. La plupart de nos bureaux ont d'ores et déjà mis en place des salles avec des ordinateurs partagés. Si vous n'avez pas d'ordinateur professionnel ni personnel, contactez votre responsable de bureau.
8. Ne commentez pas la situation dans les médias. Si on vous pose des questions, relayez les vers Kate Vandevelde +32 987589591.
Nous vous remercions tous pour votre patience et compréhension.

L'équipe en or

****

Je ne sais pas pourquoi, mais je commence à douter que nos e-mails se remettent en route demain. Finalement, je commence à m'habituer, comme tous mes collègues, à travailler sans e-mails. C'est laborieux. Mais finalement on s'en sort. Notre efficacité surperformante a laissé place à toute notre ingéniosité pour ce que j'appelle la débrouille.

J+7, la grande débrouille

J+7 8h00 CET, salle de crise, Amsterdam.

Dom prend la parole.
- Comme vous l'avez suivi hier, l'opération s'est déroulée comme prévu. Tous nos collaborateurs possédant un smartphone professionnel (ce qui nous laisse quand même encore 500 personnes à contacter par un autre canal) ont reçu l'ensemble des instructions pour pouvoir à nouveau accéder à leur messagerie.
- Ok très bien. Cependant, il semblerait que nous ayons un problème, ajoute John. J'ai été contacté par deux responsables de bureau en Europe qui m'ont fait savoir que les mots de passe ne fonctionnaient pas. Dans les chaines de caractères reçus il est impossible de savoir s'il s'agit de la lettre O ou du le chiffre zéro, de même pour la lettre L en minuscule qui se confond avec un i majuscule. Notre hot line en Inde n'est pas en mesure d'aider les utilisateurs. Je vous propose de mobiliser nos collaborateurs les plus agiles avec les outils informatiques pour monter en renfort de nos équipes IT dans chacun des bureaux.
- Excellente idée John, répond Martin. William et moi allons prendre en charge de les informer pour organiser la mobilisation. Quand chacun pourra à nouveau accéder à sa messagerie, nos activités pourront commencer à redémarrer.

Alors que nous approchons le milieu de la deuxième semaine dans le silence de cette interruption de tous les moyens de communication et systèmes de travail auxquels nous nous étions si bien habitués, il nous faut toujours une bonne dose de cette bonne humeur pour aborder chaque nouvelle journée. Tout ce que nous avions appris à faire en deux secondes prend désormais de longues minutes, voire des heures.

De prime abord, lorsque me revient progressivement à la mémoire ce que j'avais à faire avant que tout ne s'arrête, j'ai tout d'abord eu un sentiment d'impossibilité. Technique, cela va sans dire. Par exemple : envoyer un document, produire un document, appeler un collègue, imprimer un document. Tout me paraît absolument impossible à réaliser dans l'état des choses, à savoir avec à ma seule disposition un ordinateur toujours parfaitement éteint et un smartphone.

Certes, pour communiquer les uns avec les autres, surtout d'une localisation à l'autre et d'un bout à l'autre du monde, WhatsApp a remplacé les e-mails et s'est imposé à la vitesse de l'éclair comme notre moyen de communication standard. C'est déjà ça de pris.

Côté matériel, avant le crash, j'avais un ordinateur portable avec deux grands écrans lumineux. Maintenant, en plus des deux écrans désespérément noirs sur mon bureau, j'ai également :
    - deux téléphones portables (le professionnel et le personnel) ;

- une tablette ;
- un PC portable (personnel) ;
- toujours un PC portable professionnel, mais désormais éteint et complètement vérolé bousillé mangeouillé de l'intérieur par la bébête.

Et avec tout ce matériel ultra sophistiqué, travailler est toujours délicat.

J'ai maintenant compris comment faisait le comité de direction pour communiquer. Je dois réactiver un vieux compte de conférence téléphonique que je n'utilisais plus depuis au moins quatre ans. Un numéro antique lorsque l'on utilisait encore le téléphone (celui qui ne passait pas par le réseau internet). Et que l'on se faisait traiter de vieux c*** qui ne savait même pas faire un partage de « call » en utilisant le nouveau système. En ce jour, nous sommes tous bien contents de le retrouver, ce vieux système à la c***. Chacun son tour d'être pris pour un c***. Dans la foulée, j'ai également appris à faire un partage de connexion entre mon smartphone professionnel et mon PC personnel.

Comment faire quand plus rien ne fonctionne mais que vous devez quand même livrer un travail que vous ne pouvez pas reporter ? Vous vous débrouillez... avec les moyens du bord comme on dit. Alors que reste-t-il à bord du bateau qui flotte encore mais qui n'a plus aucun instrument de navigation ?

Prendre une photo d'un document papier et l'envoyer à quelqu'un par vos smartphone et e-mail personnels. Oui, ça marche.

Trouver les numéros de téléphone de personnes que vous devez joindre via le site externe de l'entreprise qui lui n'a pas été touché. Noter les numéros sur un papier. Appeler via votre smartphone. Quatre heures pour appeler dix personnes ! Oui, j'ai testé dans les jours qui viennent de s'écouler.

Aller chercher chez soi son PC et même (certains l'ont fait), son imprimante personnelle.
Aller acheter en urgence un ordinateur au magasin du coin (j'en connais qui en ont été réduits à cet extrême).
Tergiverser longuement, voire très longuement, pour savoir si nous devons aller acheter des clés USB au bazar du coin, et, si consensus sur la nécessité de cet achat qui risque de mettre en péril les finances de notre entreprise pas très en forme depuis quelques jours, retergiverser très longuement pour savoir quelle taille de clé fera l'affaire. Vous pourrez ensuite discuter longuement sur à qui déléguer le rôle de l'acheteur-livreur.

À court d'idées ? Vous pouvez toujours ranger votre bureau. Le seul hic, c'est que je n'ai quasiment plus de papiers à ranger dans mon bureau. Tout est à l'électronique. Par contre, j'avais bien un foutoir de fichiers à ranger sur mon PC ! Et que j'y pense, ce foutoir de fichiers, il vient d'être détruit direct : ça, c'est du nettoyage de masse qui finalement me fera gagner du temps !

En attendant, je suis toujours désemparée, maintenant que l'annulation de la réunion de Bruxelles suit son cours et que j'ai formalisé le plan de lancement de notre nouvelle ligne de produits que je ne peux partager avec personne. Ça s'appelle le chômage technique, je crois.

EternalBlue

EternalBlue, bleu éternel, c'est le nom d'une des deux failles de Windows, que la bestiole a peut-être utilisée pour entrer dans notre réseau et venir tout détruire.

Bleu éternel.

J'aime la créativité poétique des informaticiens. Bleu, c'est plutôt une jolie couleur appréciée par un grand nombre de personnes.

Éternel : je pense à bonheur éternel, amours éternelles.

Les deux ensemble, je pense à la mer et à son immensité, ou au ciel, et à son immensité. C'est beau, c'est limpide, c'est calme et reposant.

Je suis à ma fenêtre, et je contemple le bleu éternel de la mer qui rejoint celui du ciel. Je m'y perds en douces pensées, mon esprit vagabonde dans ses rêves. Mon navire vogue sur les flots, je m'envole pour toucher les étoiles. Finalement, ça a du bon, cette attaque. Je n'ai jamais autant doucement rêvassé dans ma journée depuis des années.

Stop ! Pas du tout. Ce bleu éternel là, c'est un gros trou dans Windows qui laisse passer une machine à tout détruire. Une grosse bestiole baveuse mangeuse de données. Je ne sais pas pourquoi, mais moi, je la visualise plutôt noire ou marron la bestiole, mais pas bleue en tout cas. C'est pas un Schtroumpf, quand même ! Ni un avatar. Là, c'est une bestiole méchante et mal intentionnée. Tiens, j'espère qu'elle en a crevé, de tout ce qu'elle a bouffé, la bestiole. Et en matière d'immensité, il s'agit plutôt d'immensité de la gaffe, une erreur monumentale. Un trou béant qui laisse n'importe qui entrer sans même se préoccuper de ses intentions.

Alors, les informaticiens, qu'ils soient de Microsoft, d'Apple, de la NSA ou de ma globale entreprise, bien ou mal intentionnés, je les mets tous dans le même gros sac pour un remue-méninge du peu de leur peu de cervelle, afin qu'ils revoient leur sémantique. Moi j'aurais plutôt choisi BlackDevil (DiableNoir) ou MessyStickyMonster (SaletédeMonstrePuant) ou StickyHole (TrouQuiPue). Ce qui aurait été plus dans le ton pour qualifier le passage qui laissait entrer n'importe quelle bestiole malfaisante dans nos systèmes sans un minimum de contrôle de rigueur, sans même avoir à montrer patte blanche.

Des nouvelles qui se veulent rassurantes, à...
J+8

À J+8, un de nos collègues du service informatique, un des rares encore basés à Strasbourg, se décide à nous donner des nouvelles dans notre langue (ce n'est pas trop tôt). Alors, c'est sûr, il n'a pas dû beaucoup dormir ces derniers temps. C'est également fortement probable qu'il ait un peu... la pression. Il n'a donc pas vraiment soigné la qualité littéraire de sa prose, doux franglais mélangeant termes techniques et expressions comprises de lui seul. Je n'ai que rarement lu un message compréhensible venant de lui, d'ailleurs, mais disons que dans les circonstances actuelles, nous l'excuserons.

****

The latest news :
- E-mails sur iOs devices seront accessibles vers 4 h demain matin (heure de Strasbourg) ;
- IT est raisonnablement confident[8] que cette échéance sera respectée (attendez-vous à une avalanche d'e-mails accumulés depuis la fermeture de nos serveurs) ;
- Une procédure sera disponible pour ceux qui ont un besoin urgent d'accéder à des docs sur Workshare (voir mon prochain post) ;
- Wifi sera réactivé dans le cours de demain mais... seuls les devices (iPhones et iPads) déjà enregistrés sur les mobile ou guest networks pourront se connecter ;
- Ne pas hésiter à continuer à utiliser son Gmail sur son

---

[8] *Confident* = confiant en anglais

poste perso en se connectant via HotSpot ;
- Les unaffected PC's pourront être connectés demain après-midi (plutôt vendredi à mon avis) et pourront être utilisés par les uns et les autres pour récupérer des docs sur Workshare ;
- Les téléphones devraient être en fonctionnement vendredi ;
- Les postes vérolés et ceux « légèrement infectés » ne seront pas remis en service avant la semaine prochaine ;
- Consigne absolue : ne pas allumer les laptops qui ont été éteints lors de l'alerte.
Voilà pour le moment...

Stéphane Bertrand, IT Strasbourg

****

Voilà de bonnes nouvelles, mais je ne sais pas pourquoi, j'ai encore et toujours des doutes. Me voilà de nouveau en train de rêvasser sur cette allusion à la potentielle avalanche d'e-mails qui devrait déferler dans nos boîtes dès que le tuyau se rouvrira.

J'imagine ces centaines de milliers de messages qui attendent devant la porte fermée à l'entrée du tuyau qui alimente le réseau de mon entreprise. Ils attendent depuis maintenant huit jours de pouvoir entrer. Et ça pousse par-derrière. Ils piaffent d'impatience à l'idée de pouvoir enfin arriver à leur destination. Mais la porte reste désespérément close. Et dans la seconde où nous allons pouvoir rouvrir la porte, ils vont tous se précipiter. Brusquement, nous allons être tous extrêmement occupés à lire des centaines de messages dont nous sommes dans l'ignorance depuis toutes ces heures. Nous essayons de survivre à cette ignorance. Mais ça commence à faire long. Quant à moi, qui travaille dans un service qualifié d'« interne », je ne devrais pas compter dans les victimes de l'avalanche. La très grande majorité des collègues avec lesquels je travaille a été privée comme moi de moyen de communiquer. Si je ne peux rien leur envoyer, ils ne peuvent rien m'envoyer non plus. L'avalanche à laquelle je dois me préparer ressemble sans doute plutôt à une bruine de printemps.

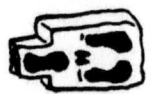

À la veille du week-end, on est toujours dans les choux

Devons-nous encore croire ce que l'on nous raconte ? Cette pensée nous hante tous en ce matin du neuvième jour post-attaque, et en cette fin de deuxième semaine. Les promesses de remise en route s'enchaînent, mais rien ne se passe. J'agite toujours et secoue fébrilement mon smartphone toutes les heures en espérant que le flot salvateur d'e-mails se remette en route. Nous sommes tous dans l'attente anxieuse de cette fameuse avalanche promise. Qu'enfin je retrouve cette délicieuse sensation d'être occupée à faire quelque chose de mes journées.

Le message rituel du jour du service informatique tombe comme un couperet.

****

Des nouvelles

Malgré le fait que les services informatiques n'ont pas pu remettre en route les courriers électroniques la nuit dernière, nous voyons la lumière à la sortie du tunnel (sic). Je ne vous dis pas quand est la prochaine échéance que l'on m'a communiquée, mais nous sommes raisonnablement confiants que les courriers électroniques seront remis en service plus tard dans la journée.

Des accès provisoires aux documents sous Workshare sont opérationnels.

Dites à vos collègues et équipes de ne plus appeler le service informatique jusqu'à nouvel ordre.

Stéphane

****

Plus tard dans la journée.

****

Des nouvelles du centre de ressources partagées
Dans la salle Madrid : 3 portables sont connectés à une imprimante et au réseau wifi.

****

Eh bien, à ce rythme-là...

Finalement, le week-end profile le bout de son nez plus vite que j'aurai cru. Après avoir discutaillé à la machine à café (nous nous sommes vite tous habitués à lambiner), finalement, autant se mettre en week-end dès vendredi matin.

Week-end de crise

Samedi matin, 5h52 CET

'Chers tous, nous voyons le bout du tunnel. Nous allons survivre à cette épreuve. Je suis confiant. Je sais que les équipes vont travailler d'arrache-pied encore ce week-end. Mais nous tenons le bon bout. @dom : merci de faire passer le message à tes équipes et à nos partenaires que nous leur sommes reconnaissant du travail gigantesque qu'ils fournissent tous depuis plusieurs jours maintenant. M.
Je reste sur place avec les équipes de Dom. J.
Idem. W.
De mon côté, je vais être avec les actionnaires à Zurich toute la journée pour les rassurer. Je vous rejoins dimanche. M.'

Dimanche fin d'après-midi, Amsterdam, salle de crise

Rapport de Dom :
- Pendant le week-end, nous avons relancé notre data center de Francfort et celui de Darwin pour l'Asie Pacifique. Tout s'est déroulé comme prévu.

Dom, William, John et Martin sont concentrés sur l'écran de contrôle de Valery sur lequel ils visualisent l'activité qui redémarre sur les réseaux et la synchronisation avec les smartphones.

- Mon Dieu, murmure Martin, cet écran est le reflet de mes émotions intérieures. Il devrait me rassurer, mais je ne sais pas pourquoi, mon estomac est encore noué. Toutes nos activités, la survie de la boîte sur cet écran et ces courbes...
- Je te comprends, dis Dom. Sache que notre système de messagerie est à nouveau opérationnel sur smartphone depuis samedi. Et la très bonne nouvelle, c'est que nous n'avons perdu aucune donnée. Nous avons mis en place une cellule d'assistance à Francfort et ici à Amsterdam. Si nos employés veulent accéder à un document, nous pouvons leur envoyer manuellement pas messagerie électronique.
- Bien entendu, à réserver à nos activités les plus critiques, ajoute William.
- C'est effrayant quand on y pense. Mais nous y survivrons, ajoute Martin.

En février 2014, les établissements américains du groupe de loisirs Las Vegas Sands sont victimes d'une cyberattaque majeure incluant le piratage du réseau informatique, un vol massif de données confidentielles, puis la mise hors service d'une partie importante du système d'information et de télécommunications. Le piratage serait attribué à un groupe de hackers iraniens et ferait suite à la déclaration publique, en octobre 2013, du milliardaire Sheldon Adelson, actionnaire majoritaire de Las Vegas Sands, qui suggérait de « raser » Téhéran sous le feu nucléaire.

En novembre et décembre 2014, Sony Pictures Entertainment est victime d'une très importante fuite de l'ensemble de ses données, qui sont révélées par à-coups, revendiquée par le groupe « Guardian of Peace ».

Le droit de revenir en troisième semaine

J+9 8h00 CET, salle de crise, Amsterdam

- Ce matin est un grand jour ! Nous lançons officiellement l'opération Apollo 13 qui va nous permettre de remettre en route tous les ordinateurs fixes et portables de l'entreprise. Nous avons mis en place un processus qui permet à nos techniciens de reconfigurer une machine en 30 minutes maximum. Nous avons testé le processus cette nuit et il est concluant. Nous pouvons donc maintenant passer à la phase opérationnelle à grande échelle. L'ensemble des équipes ont été briefés et sont prêts à travailler tout le week-end pour que l'ensemble de notre parc soit opérationnel dès lundi.
- Très bien Dom. Je ne veux pas te rajouter de pression, tu l'as déjà. Tu sais que notre capacité à redémarrer progressivement nos activités dès lundi repose exclusivement sur la réussite de cette opération.
- Nous avons reçu beaucoup de messages de mécontentement concernant les difficultés de remise en route du système de messagerie. Merci de faire passer le message que nous devons apprendre à être bienveillant et surtout remercier les équipes pour les efforts incroyables qu'elles produisent pour remettre notre entreprise en route depuis plusieurs jours.

Il semble se préciser un petit peu plus clairement de jour en jour que le bastringue ne va pas se relancer de sitôt. À J+10 après l'attaque et en ce début de troisième semaine, il va falloir transformer la débrouille provisoire temporaire en habitude durable.

Nos ordinateurs sont désormais étiquetés. Ils ont fait ça pendant le week-end. Oui, parce qu'il n'est que grand temps quand même d'avoir une pensée un peu plus détaillée pour les collègues du service informatique.

Ils se prennent la grosse honte de ne pas être arrivés à nous protéger. On essaye de ne pas leur en vouloir car on se dit que ce n'est pas arrivé qu'à nous, que même les mieux protégés étaient vulnérables. D'accord. Mais quand même, rapidement, on se permet de penser que dans la bande il doit bien y en avoir quelques-uns ou quelques-rares-unes (il y a peu de filles au service informatique) qui n'ont peut-être pas fait correctement leur boulot. Alors maintenant, finalement, bien fait. Qu'ils bossent la nuit, le jour, le week-end pour nous redémarrer tout ça. Ça compensera toutes les années où ils nous méprisaient de leurs regards suffisants d'experts éclairés, genre moi je sais comment ça fonctionne alors que vous, vous ne savez qu'à peine taper un texte au kilomètre dans votre traitement de texte que vous utilisez comme vous le faisiez dans les années quatre-vingt-dix.

Mais je m'emballe. Ni la colère, ni la haine, et encore moins la rancœur ne mènent à quelque chose. Et revenons aux étiquettes. On nous avait prévenus (par WhatsApp bien évidemment) : nos ordinateurs sont isolés puis testés un par un. Et en fonction du niveau de l'infection, une petite étiquette de couleur est posée sur le capot. Donc c'est le grand jeu du matin en ce moment : et toi, de quelle couleur elle est, ton étiquette ?

Les veinards ont une étiquette verte. Pas touché, pas infecté, nickel. Juste que pour le moment ils ne peuvent se connecter à rien. Ils travaillent tout seul dans leur coin. Seuls avec eux-mêmes en attendant que l'on nous reconnecte tous à la matrice centrale.

Les moyennement chanceux mais pas totalement désespérés ont une étiquette orange. Un peu infecté mais pas gravement touché. Ils respirent mais leur satisfaction a été de courte durée : ils ont pour le moment interdiction absolue de faire quoi que ce soit avec leur machine.

Et puis la dernière catégorie : celles et ceux qui n'ont que leurs yeux pour pleurer, les pestiférés mis en quarantaine et au ban du parc informatique tout entier, qui ont eux une étiquette rouge. Ce qui signifie qu'il n'y a plus rien à attendre de la machine.

Les « vert » n'étaient pas connectés au moment de l'attaque. En vacances, en promenade ou toute autre non-activité. Les « orange » étaient connectés mais n'utilisaient pas activement leur machine au moment de l'attaque (genre tous ceux qui étaient en réunion). Les « rouge » étaient connectés au moment de l'attaque et s'activaient frénétiquement sur leur machine comme si de rien n'était alors que la bestiole était en train de progresser dans leurs fichiers.

Et là évidemment, je m'en doutais, ce matin en arrivant, le verdict est tombé : étiquette rouge sur mon ordinateur.

****

Information utile (reçue ce jour) : si vous avez besoin d'un numéro de mobile d'un collègue, contactez la réception au +32 5436 76544. Les réceptionnistes ont tous les numéros de mobile.

****

Eh bien, ce n'est pas trop tôt !

La routine

C'est devenu une vraie routine du matin, en prenant tranquillement mon train, sans courir, d'ouvrir mon WhatsApp pour prendre des nouvelles de la remise en route qui ne redémarre pas.

****

Dernière communication :

En complément de l'information envoyée plus tôt ce matin, les e-mails n'ont pas été remis en route. L'équipe informatique continue de travailler dur pour rectifier cela le plus rapidement possible et nous vous tiendrons au courant bientôt.

Bla bla bla

Bla bla bla

Nous préparons plus d'informations détaillées quand nos opérations seront revenues à la normale. Nous vous tiendrons au courant.

****

La routine, vraiment... Et un nouveau week-end qui arrive. Allez, nous sommes quand même arrivés à relancer quelques travaux en conférence téléphonique sur nos smartphones avec quelques collègues pendant la semaine. Et la réunion de Bruxelles a été replanifiée en octobre.

J+11 7h35 CET, Amsterdam.

Martin a pris l'habitude de s'assoir quelques instants avant le briefing matinal près d'une fenêtre à côté de la sortie de secours. Le seul endroit à peu près calme dans des espaces de bureau en surchauffe depuis une semaine. Que d'événements improbables depuis maintenant trois semaines ! Et dire, que je n'ai pas consacré une seconde à aucun des sujets qui étaient sur mon agenda - nos nouvelles implantations en Amérique du Sud, nos problèmes de profitabilité en Asie, les promotions de nos nouveaux directeurs régionaux ou bien encore le lancement de notre nouvelle gamme de produits. Que j'y songe, également aucun tableau de bord à analyser, ni présentations à valider... Nous sommes totalement à l'arrêt pour remettre notre navire à flot. Si nous ne coulons pas... Martin fonce les sourcils et chasse cette pensée. Non, nous ne coulerons pas. Mais mon Dieu, à combien va d'élever la facture ? Les conversations avec notre assureur n'ont pas vraiment été rassurantes pour le moment concernant la prise en charge du dommage à nos activités. Allez, je dois y aller.

L'équipe en or - Martin a en horreur de cette appellation qu'il trouve pompeuse et déplacée -, c'est ainsi que l'équipe de crise s'était baptisée, se réunit à 8h00 tous les matins pour un point d'avancement. Ensuite, les communications sont envoyées aux équipes grâce à des bulletins réguliers par WhatsApp.

Un des problèmes majeurs auquel la cellule de crise avait dû faire face tenait au fait que tous les systèmes de communication avaient basculé en mode IP depuis plusieurs mois déjà. Les postes de téléphone avaient même été retirés des bureaux. Martin attend avec impatience de savoir comment les systèmes de communication allaient pouvoir se remettre en place.

Dom prend la parole.
- Martin, tu vas être content. Nous avons reconfiguré dans la nuit 2000 lignes fixes que nous avons redirigé vers les lignes mobiles. C'est une grande avancée pour nous permettre de communiquer à nouveau entre nous mais également avec l'extérieur.
- Merci Dom. C'est un soulagement en effet.
- Dom, veux-tu bien rappeler à toutes les équipes, l'importance de noter de façon exhaustive tous les faits constatés et surtout toutes les actions mises en œuvre, minute par minute ? En échangeant avec Izabel, une de nos administratrices système, j'ai cru comprendre que poussés par l'urgence de bien faire, toutes les remontées ou les actions ne sont pas systématiquement consignées par les équipes.
- Oui bien sûr, John. Je vais refaire passer le message.
- A noter également ce matin que notre système de gestion financière est encore hors service. Martin, peux -tu s'il te plait insister auprès des responsables de bureau lors de la conférence téléphonique de 10h, sur l'importance pour les équipes de bien consigner au papier tous les éléments liés aux commandes et aux livraisons ?
- C'est noté.

13h08 CET- Pause sandwich

- Dom, que penses-tu de la situation ?
- Écoute Martin, nous sommes encore loin d'être sorti d'affaire. Mais nous avançons. Tu le vois, toutes les équipes sont mobilisés.

Izabel entre en courant dans la cafétéria.

- Dom, c'est urgent. Nous avons un grave problème nous ne comprenons pas. L'ensemble du système de messagerie est à nouveau out. Plus rien.
- Oh mais ce n'est pas vrai. On a la poisse ou quoi ! vocifère Dom. Martin je te laisse. Je te tiens au courant.

Martin se dirige comme un automate vers les toilettes. Il pose ses deux mains sur le lavabo et se regarde dans le miroir. Que puis-je faire ? Pense-t-il intérieurement. Je me sens tellement impuissant. Quelle responsabilité ! Et si jamais nous n'arrivions pas à redémarrer nos systèmes et nos activités ? Non, ce n'est pas possible. Tout ce que nous avons construit depuis 50 ans d'existence ne peut quand même pas disparaître en quelques heures ! Cette attente est vraiment interminable. Bon, allez Martin, ressaisis-toi. Tout le monde compte sur toi et ton sang-froid. Force-toi à sourire.

Martin se passe de l'eau sur le visage, respire lentement à plusieurs reprises, se redresse et retourne dans la salle de crise.

17h15 CET

- Martin, ça y est, on a trouvé ! Patrick, un de nos technicien, avait accidentellement bloqué les accès aux serveurs de messagerie. La fatigue sans doute. Et puis la tension. Tout est rentré dans l'ordre, le système de messagerie est à nouveau opérationnel.
- Ok, très bien. Mais en attendant, je ne sais pas ce que je vais dire au briefing de 10h demain. Nous passons quand même un peu pour des amateurs... J'y penserai cette nuit. Après tout, l'erreur est humaine. Finalement, ce que nous traversons en ce moment est un sacré exercice d'humilité.

Les mails, le grand retour

Julie
« Bonjour à tous. *Sorry* de vous déranger un dimanche mais j'ai besoin de savoir : recevez-vous à nouveau des e-mails sur vos smartphones ? Merci de me répondre ASAP : c'est important. »

Jean-Louis
« Alors, perso, j'ai reçu un message SMS m'indiquant un code à saisir pour recevoir mes mails, mais je n'ai pas osé le saisir car je voulais savoir si c'était OK avant. Le numéro qui me l'a envoyé est le suivant : 06 54 32 58 96. Le connais-tu Julie ? »

Julie
« Oui, c'est OK. Si le code ne marche pas, il y aura un pop-up qui apparaîtra. »

Jean-Louis
« OK, merci. Je vais tenter, alors. »

Valentine
« Il faut le faire dans les paramètres.
Perso, il a fallu que j'aille dans les paramètres.
J'ai mes mails depuis hier.
Blackout entre mardi et samedi. »

Julie
« OK »

Valentine
« Et seulement mes mails entre lundi dernier et mardi midi. »

Jean-Louis
« Le pb, c'est que mon code ne fonctionne pas. Je réessayerai tout à l'heure car presque plus de batterie et je ne suis pas chez moi... »

Julie
« Alors, on verra demain. No soucy (sic) je vais répondre que je n'ai pas pu vous joindre. Demain, il fera jour, hein. Bonne soirée. »

Jean-Louis
« Écoute, je viens de la refaire : je n'y arrive pas.
Ça m'indique que les infos ont changé ou bien ne sont pas correctes. »

Julie
« Laisse tomber : on verra ça demain, mon chou. »

Jean-Louis
« Oui, vaut mieux... Bonne soirée. »

Marc
« Julie, j'ai entré le password reçu par texto dans les paramètres, à la suite de ça j'ai reçu 2 e-mails datés du samedi 1er juillet (qui n'ont pas été envoyés par les expéditeurs le 1er juillet, je pense) et un e-mail aujourd'hui du IT service Desk dont le contenu est le même que ton message ci-dessus. Bonne soirée et à demain ! »

Julie
« Merci, Marc. Tu fais donc comme moi partie

de ceux qui reçoivent à nouveau leurs e-mails (et ce n'est pas le cas de tous, hélas !). C'est une bonne nouvelle que ça revienne peu à peu (pouce pouce). Bonne soirée et nuit à tous. »

Marc
« Un peu de lumière au bout de ce long tunnel, ça fait du bien. »

Vincent
« De mon côté, plus tard dans la soirée, j'ai également reçu 4 e-mails + 2 de l'IT... Il y a de l'amélioration. »

Vers le nouveau normal

Maintenant presque quatre semaines que « ça » s'est produit. Que « ça » s'est introduit dans nos systèmes et a presque tout détruit.

Nous avons tous finalement fini par nous adapter. C'est dans des moments comme celui-là que l'on constate que l'être humain n'est finalement pas si résistant au changement que ça. Quoi qu'il arrive, il faut bien s'adapter. Alors, nous avons trouvé nos stratégies d'évitement pour recommencer à travailler à peu près normalement. Et faire en sorte que la galère ne devienne pas le nouveau normal.

Et puis repartir de zéro, franchement, parfois, ce n'est pas plus mal : avant le fameux jour, nous avions un intranet foutoir fourre-tout. Tout le monde se plaignait qu'il était mal fait, que l'on ne trouvait jamais l'information que l'on cherchait dans un embrouillamini de milliers de pages mal imbriquées, qu'il était mal structuré et que les informations, quand on avait l'incroyable chance de les trouver, étaient dépassées, obsolètes, périmées, vieilles et inutilisables. Eh bien, maintenant, les grincheux n'ont qu'à aller se rhabiller, car nous n'avons plus qu'une seule page d'intranet ! Oui, une seule. Elle est très simple et y figurent les informations essentielles.

Et dans les circonstances actuelles, il a fallu aller à l'hyperessentiel, en l'occurrence :
- Le numéro de la hot line informatique, qui est particulièrement utile en ce moment, et qui donc trône au milieu de la page. Avec en dessous la liste des applications et systèmes qui ont été remis en route. C'est-à-dire pas encore grand-chose pour le moment. Mais on se contente de peu quand on a été privé de tout.
- Les numéros de quelques services jugés indispensables par les temps qui courent : les finances, les RH, l'agence de voyages et le service de rédaction des propositions clients.

Un point, c'est tout.

Depuis l'annulation de la réunion de Bruxelles, j'ai du mal à me remettre vraiment en route. Certains projets ont désormais une saveur différente. Est-ce que certaines activités valent toujours la peine après un truc pareil ? Quel est le sens de certains de mes travaux alors que j'en ai touché maintenant l'infinie fragilité et ai traversé ce sentiment d'inutilité ?

La bestiole a (presque) tout bouffé de mon travail. Et puis me vient cette pensée : qu'est-elle devenue après ce carnage ? L'a-t-on tuée ? S'est-elle autodétruite ? Est-elle encore tapie quelque part, ou peut-être seulement des bouts d'elle-même prêts à resurgir à la moindre occasion ? Personne ne nous en parle.

Finalement, quand je porte mon regard sur tout mon environnement de travail, j'ai l'impression de voir un vaste champ de ruines. Il ne me reste qu'à retrouver un peu d'énergie pour retrousser mes manches, et m'atteler, comme tous mes collègues, à tout reconstruire.

EternalRomance

EternalRomance, romance éternelle, c'est le nom de la deuxième faille de Windows que la bestiole a peut-être utilisée pour entrer dans notre réseau et venir tout détruire.

Comme si une ne suffisait pas, il y en avait une seconde.

Romance éternelle.

Une preuve supplémentaire de cette créativité ô combien poétique des informaticiens. Ils n'ont vraiment rien d'autre à faire que de trouver des noms poétiques à leurs erreurs ? Ils feraient mieux de se concentrer sur leur boulot, en l'occurrence le développement d'applications et de systèmes sans failles.

Romance éternelle, et puis quoi encore ?

Je peux vous dire que depuis quelques jours, il y a un maximum de personnes qui ont développé une haine éternelle pour le développeur de l'application en question. En matière de romance, on repassera. C'est un peu sado-maso comme histoire d'amour, très peu pour moi.

C'est reparti, parce que la vie reprend toujours le dessus

Ce matin est un jour particulier : je n'ai jamais été aussi heureuse de récupérer un ordinateur. Je vais repartir de quasiment zéro et récupère un ordinateur avec un disque dur où il n'y a rien dessus. Ma machine est catégorisée « *super green* ». C'est grave ou ça fait du bien ? J'éprouve une sensation équivalente à celle du grand nettoyage de printemps. Un nouveau départ. Tout net, tout propre. Donc, après toutes ces journées difficiles, ça fait du bien.

Mais il va falloir reconstruire pas mal de choses quand même et c'est un peu galère, il faut bien se l'avouer.

Je dois remettre mon mot de passe à tous les étages de configuration de l'ordinateur : pour la base trucmuche, pour imprimer mes documents via le nuage, pour accéder à ma sacrosainte boîte mail qui m'a tant manqué ces derniers temps, tout ce qui avait pris des jours, des mois, des années à être installé et paramétré, je dois tout réinstaller, réinitialiser, réexpliquer à ma machine. Et recréer plein de mots de passe, qui doivent tous être différents et inviolables ; ce n'est pas une mince affaire.

Nous redécouvrons les joies de l'ancien système de conférence téléphonique qui annonce systématiquement que quelqu'un vient de rejoindre la conversation et qui vous indique le délai pour accéder à la salle de réunion virtuelle. Quelque chose qui de prime abord peut paraître utile, mais nous fait perdre de précieuses secondes dans des temps où tout doit aller très vite.

Plein d'e-mails ne nous arrivent plus : tous les systèmes n'étant pas remis en route, ils ne distribuent plus de messages à tout-va. Tous ces e-mails automatiques qui polluaient nos boîtes mail et donc un peu notre vie, nous ne sommes vraiment pas pressés de les retrouver. Quant à ce système intrusif qui nous permettait de savoir si untel ou unetelle était connecté ou non connecté, si il ou elle était disponible ou occupé ou en réunion ou ne voulait pas être dérangé, il n'a toujours pas été remis en place. Ce qui en occupait plus d'un, et moi aussi parfois je l'avoue, juste de connaître les statuts des collègues. Nous retrouvons une forme de liberté : exit le système qui rendait visible notre statut.

Personne ne sait plus et ne peut plus savoir si je suis connectée ou pas connectée, disponible ou au téléphone ou en réunion ou pas disponible, parce que zut j'ai envie d'être tranquille.

J'assiste à une forme de retour vers le futur à l'envers :
- Mes collègues des ressources humaines suivent les entrées/sorties de personnel au niveau mondial sur papier.
- Notre système de réservation des salles de réunion se fait désormais grâce à un formulaire papier que nous devons déposer à l'accueil. Nos demandes sont consolidées dans un grand cahier vert. Papier et crayon ne te laisseront jamais tomber, eux !
- Des téléphones fixes ont refait leur apparition sur nos bureaux.
- Nous repassons par les standards des différents bureaux pour nous parler, ce qui nous ralentit un peu : je vous passe Mme Machin, M. Trucmuche veut vous parler. On en avait oublié que ce type de mode de fonctionnement avec une personne au standard pouvait encore exister.
- Je ne sais plus comment faire pour finaliser mes revues annuelles, ni mes reportings, les systèmes dans lesquels je saisissais les informations ayant tous disparu comme par enchantement. Reviendront-ils un jour ? Je me surprends à penser que finalement ce serait peut-être une bonne nouvelle de ne pas les faire renaître de leurs cendres.
- J'avais plein d'articles que j'avais lus et trouvais intéressants et que je gardais au cas où, sur mon disque dur. Évidemment, je n'en ai retrouvé aucun. Et alors ?

À quoi me servait toute cette accumulation de données et de fichiers que je conservais « au cas où » ? Je me demande si je ne vais pas changer complètement mon approche à l'avenir et faire place nette : tout deviendrait-il si virtuel et le flot de données et d'informations si continu qu'il ne sert plus à rien de stocker quoi que ce soit ? Surtout si d'autres s'en occupent pour moi sur ou dans le fameux petit nuage ? Et encore plus si, en un quart de seconde, un ver malfaisant activé par un pirate a décidé de tout détruire.
- Les équipes informatiques continuent de me parler de choses que je ne comprends pas : c'est quoi, cette histoire de boîte mail cache ? Moi, je veux juste que ça fonctionne et même si ça pouvait refonctionner comme ça fonctionnait avant, ce serait trop bien. Une boîte mail cache, ça me donne une idée de cache-cache : oui, ça, je vois bien, depuis des jours maintenant que ma boîte mail joue à cache-cache avec moi.

Par contre, allez savoir pourquoi, dans ce grand bazar chaotique, j'ai retrouvé mes favoris internet !

La Banque centrale du Bangladesh est victime en février 2016 d'un piratage informatique et se fait dérober 81 millions de dollars.

Une autre banque, équatorienne cette fois, la Banco del Austro, fut également victime d'une cyberattaque, en janvier 2015. Cette attaque ne fut confirmée que le dimanche 22 mai 2016. Le préjudice est estimé à 10,7 millions d'euros.

Des nouvelles de Dominic Inatacable

Maintenant, il s'agit de continuer à travailler après ce qu'il nous est arrivé. Et ce n'est pas simple. Reconnaissons que nous avons un peu honte de toute cette histoire. Dans les communications, nous ne parlons que rarement de « cyberattaque ». Nous évoquons « l'incident informatique » ou le « blackout », voire « l'interruption ».

Nos clients ont été compréhensifs. Jusqu'à un certain point quand même. Nous leur avons assuré que leurs données n'avaient pas fuité ailleurs. Rassurez-vous : elles ont été détruites. C'est finalement la meilleure des solutions de sortie. Rien n'est parti ailleurs. Tout s'est volatilisé, la bestiole a tout bouffé.

Le nouveau normal, c'est un environnement qui a tout l'air d'être comme avant, donc forcément rassurant, mais qui en fait n'est pas tout à fait comme avant. Nous avons récupéré une partie des applications, mais pas tout à fait. Maintenant, nous savons qu'en l'espace d'un éclair, fin juin, nous sommes passés de 3 200 applications à zéro. Un peu brutal comme choc. Tout ne sera pas reconstruit, et tout le monde s'accorde à dire que ce n'est pas un mal.

Après plusieurs semaines, nous avons tous une bonne excuse pour ne pas avoir avancé dans nos travaux comme nous aurions dû le faire. Mais cet état de fait n'aura qu'un temps. Nous le savons tous.

Je constate également un grand silence sur la ligne de la part de notre service informatique. Après tous ces messages qui se voulaient rassurants les jours d'avant, maintenant c'est incroyable (ou reposant, au choix), mais je ne reçois plus de messages de notre directeur informatique qui me disait que tout allait bien, qu'il n'y avait rien à craindre, qu'il contrôlait et maîtrisait tout.

Le silence... Encore une fois, le silence.

Le couperet tombera quelques mois plus tard.

****

Message électronique de : Grand Chef
A : toutes les équipes
Objet : Des changements dans les équipes

Chers tous,
Après quinze années au service de notre entreprise, Dominic Inatacable a décidé qu'il était temps pour lui de donner une nouvelle orientation à sa carrière. Il nous quittera à la fin du mois. Comme vous le savez, nous avons traversé récemment une période difficile pour nos systèmes informatiques. Grâce aux conseils avisés de spécialistes, nos systèmes sont désormais quasiment tous restaurés. Nous avons également profité de cette opportunité pour repenser totalement notre architecture pour être mieux protégés à l'avenir. Nous sommes encore en train de tirer les enseignements de cette expérience, qui si elle a été difficile, nous a rendus encore plus solides. J'ai été personnellement touché par la solidarité des équipes et votre professionnalisme qui nous a permis de garder notre grande entreprise en activité malgré les difficultés.
Je vous souhaite de bonnes fêtes de fin d'année,

Martin SurSonPetitNuage
Votre PDG

****

Et ce matin en arrivant, j'aperçois un collègue, par la porte entrebâillée d'un placard qui est en temps normal toujours fermé. Derrière cette porte, je ne savais même pas qu'il y avait quelque chose. Je découvre plein de fils tout emmêlés qui pendouillent. Il y a plein de petites lumières qui clignotent en vert ou en rouge. Le pauvre gars se dépatouille avec son échelle et ces câbles tout emmêlés. Je ne sais pas ce qu'il tente de faire. De reconnecter tous les fils ? Si c'est le cas, nous ne sommes pas rendus. Ça ressemble à une grosse pelote avec de gros nœuds. Mais finalement, c'était quoi, toute cette histoire ?

Toute l'histoire

Les 12 et 13 mai 2017, une cyberattaque de grande ampleur paralyse les ordinateurs de multinationales et de services publics d'une centaine de pays. Cette cyberattaque se répand grâce à des e-mails comportant un lien internet qui, une fois que l'on a cliqué dessus, permet au ver d'être téléchargé dans l'ordinateur. Il se répand en exploitant le système obsolète Windows XP, et toutes les versions antérieures n'ayant pas effectué les mises à jour. Le virus libère alors une « charge utile », constituée de malwares, qui chiffre les données contenues dans l'ordinateur avant de réclamer une rançon à l'utilisateur en échange de clés de décodage. Les ordinateurs contaminés par ce ver sont estimés à plus de 230 000, dans 150 pays.

Le 27 juin 2017, une nouvelle vague massive de cyberattaques mondiales « rappelant le mode d'action du ver WannaCry survenu le week-end du 12 au 13 mai 2017 » affecte des centaines de milliers d'ordinateurs du monde entier. Les premières infections dans le monde ont commencé à 11 h, celles de la France surviennent quatre heures plus tard, à 15 h.

L'attaque a d'abord touché simultanément des entreprises majeures en Ukraine, affectant le fonctionnement des banques et aéroports. En Russie, le géant pétrolier Rosneft a été visé ainsi que de grosses banques et structures gouvernementales ukrainiennes mais aussi Mars, Nivea, Auchan. Des informations émanant de plusieurs entreprises font état « d'un ver faisant apparaître une demande de rançon de 300 dollars sur l'écran de leurs ordinateurs ». Sur sa page Facebook, le métro de Kiev indiquait « ne pas pouvoir accepter de paiements en carte bancaire à ses guichets à cause d'une cyberattaque ». À l'aéroport de Kiev, en raison de dysfonctionnements des panneaux d'affichage, des vols sont retardés. Dans les heures qui suivent, les attaques s'amplifient et elles sont qualifiées de « cyberattaque mondiale », touchant plusieurs multinationales.

Le ransomware, désormais nommé NotPetya, s'affiche à chaque démarrage de l'ordinateur à la place de Windows. Ainsi, on voit, sur un écran noir, écrit en rouge et en anglais, le message suivant :

« Ooops, vos fichiers ont été cryptés. Si vous voyez ce message, vos fichiers ne sont plus accessibles, car ils ont été cryptés. Peut-être que vous recherchez un moyen de récupérer vos fichiers, mais ne perdez pas votre temps. Personne ne peut récupérer vos fichiers sans notre service de décryptage. »

Ainsi, ce dernier demande un paiement en bitcoins, monnaie informatique intraçable, équivalent à 300 dollars, pour pouvoir récupérer l'accès à ses fichiers. Mais l'adresse renvoyée a été désactivée, ce qui fera qu'aucun fichier ne sera récupéré après le paiement de la rançon. Les données sont alors détruites. Un chercheur en sécurité, Matt Suiche, confirmera que le message de rançon n'est de toute façon qu'un leurre pour alimenter la machine médiatique et que le véritable objectif de cette attaque est le sabotage. D'après son analyse, les données ne sont sauvegardées nulle part, mais simplement remplacées par autre chose. Le disque dur serait donc de toute façon irrécupérable.

Contrairement à ce qui s'était passé pour WannaCry, il n'existe aucun mécanisme d'arrêt global, ni d'outil de déchiffrement. Le ransomware NotPetya s'active depuis une tâche planifiée ou un fichier exécutable (.exe). Une fois qu'on clique sur ce fichier, l'ordinateur infecté va planter et redémarrer en affichant un écran bleu de la mort, puis l'utilitaire de recherche des erreurs sur les disques durs de Windows va procéder à une fausse vérification avant que le message de rançon s'affiche sur l'écran de l'ordinateur infecté. Une fois qu'il a réussi à prendre pied sur une machine au sein d'un réseau d'entreprise, NotPetya va tenter de se diffuser à travers le réseau interne pour piéger d'autres machines. Pour cela, le malware a plusieurs cordes à son arc. Il intègre deux outils de piratage volés à la NSA, à savoir EternalBlue et EternalRomance, des failles qui ont été corrigées depuis plusieurs mois par Microsoft.

Si cette voie est infructueuse, le malware va chercher des mots de passe administrateur sur la machine et, le cas échéant, tenter de se connecter sur d'autres terminaux. S'il détecte un serveur, il y déposera un exécutable (.exe) qui sera actionné à distance en utilisant des outils de téléadministration de Microsoft. Cette méthode permet aux pirates d'infecter des machines même si elles ont toutes les mises à jour de sécurité installées. Si le réseau de l'entreprise est connecté à des partenaires, rien n'empêche les pirates d'infecter par ce biais d'autres organisations.

À l'instar de WannaCry, NotPetya cible surtout les entreprises et les organisations. Mais contrairement à son prédécesseur, il ne se propage pas de manière sauvage par internet. D'après Microsoft, la première infection a eu lieu en Ukraine : les pirates se sont servis de la procédure de mise à jour d'un logiciel de comptabilité ukrainien (MEDoc) pour faire entrer leur code malveillant dans le réseau d'une entreprise locale. Un

autre vecteur d'infection du ransomware NotPetya a été identifié : le site web de la ville ukrainienne de Bakhmout, dans la région de Donetsk. Les pirates ont piégé la page d'accueil de manière à provoquer le téléchargement d'un exécutable déguisé en mise à jour de Microsoft Windows.

Après le grand jeu de massacre...

Tout d'abord, quid de toutes ces attaques dont nous n'avons pas entendu parler ? Ou qui sont restées dans l'ombre, et c'est bien dommage car elles nous auraient bien fait rire. Comme celle qui a touché la grande distribution alimentaire et qui a altéré les balances des fruits et légumes. Vous arrivez avec vos bananes devant la balance, et elles se retrouvent brusquement au prix des petits pois. Bien sûr, ce n'était qu'une répétition d'un plus grand bazar que les pirates devaient préparer en mélangeant tous les prix du magasin. La litière pour chat qui passe au prix du grand cru de Bordeaux et le robot mixeur au prix des yaourts. On imagine également l'embrouillamini qui aurait été créé dans les stocks à l'heure où tous les systèmes sont interconnectés.

Ou alors, laissons libre cours à notre imagination sur ce que des pirates pourraient nous infliger :

- Échanger les voyageurs entre les avions : vous pensez partir pour Bordeaux, vous vous retrouvez à San Francisco (certes, à l'embarquement, la taille de l'avion aurait pu vous alerter).
- Verser le salaire de votre patron sur votre compte en banque et le vôtre sur le sien. En plus de couvrir votre découvert, cette attaque a des vertus pédagogiques évidentes, votre patron, dont l'empathie en la matière approche du zéro absolu (c'est-à-dire encore moins que le 0 degré centigrade) prenant désormais vraiment conscience de votre réalité économique et surtout de la distance qui la sépare de la sienne.
- Rendre fou le système qui gère vos cartes de fidélité, qui se mettrait à vous envoyer des 100 % de ristourne sur tous les produits dont vous rêviez.
- Faire décréter à l'ordinateur de la Française des jeux que tous ceux qui ont joué ont gagné, comme à *L'École des fans*[9] et comme la publicité nous l'a matraqué pendant des années. Une belle revanche.
- Effacer tous vos emprunts à la banque et rajouter en belle prime plusieurs zéros au solde de votre compte courant.
- Connecter votre carte bancaire sur le compte en banque de quelqu'un d'autre. À chacune de vos dépenses, c'est quelqu'un d'autre qui paie. Mieux que

---

[9] *L'École des fans*, une compétition de chanson pour enfants, était une émission télévisée de Jacques Martin. À la fin de la compétition, malgré les notes distribuées à chaque enfant à l'issue de sa prestation, Jacques Martin décrétait systématiquement que « Tout le monde avait gagné »

l'inverse.

- Vous faire envoyer par votre caisse de retraite un courrier qui vous annonce que vous avez assez cotisé après seulement huit ans de bons et loyaux services et que vous pouvez maintenant vous la couler douce jusqu'à la fin de vos jours.

Ces attaques ou ces bugs nous amuseraient plutôt, mais il faut bien reconnaître que nous vivons désormais dans des temps où nous devons juste nous préparer et nous habituer à ce que ce type d'événement arrive régulièrement. Et voici un florilège d'attaques qui se sont très sérieusement produites récemment :

- Durant près de six mois, un prestigieux cabinet de conseil et d'audit a été victime d'une importante cyberattaque durant laquelle des pirates ont réussi à accéder à des informations privées, telles que des mails échangés entre le cabinet et ses clients. Les hackers ont utilisé l'identifiant et le mot de passe d'un compte administrateur, leur permettant ainsi d'accéder à une plateforme hébergeant une partie des données du cabinet.

- Une célèbre société de crédit américaine, spécialisée dans la protection des données, un comble, a été victime d'un piratage informatique important au cours de l'année 2017. Les informations de plus de 140 millions d'Américains et plus de 200 000 numéros de carte bancaire de consommateurs ont été consultés par les pirates, qui ont exploité une faille dans l'une des applications de la société, leur permettant ainsi d'accéder à certains fichiers. Quelques jours après l'attaque, le PDG de l'entreprise annonçait sa démission.

- Une plateforme de streaming bien connue a été victime d'un piratage d'envergure, plus précisément d'une campagne de spam visant directement ses utilisateurs. Des millions d'entre eux ont reçu des e-mails les invitant à communiquer leurs coordonnées bancaires afin d'éviter que leur compte ne soit clôturé. Comme à l'accoutumée, tout avait soigneusement été pensé afin de tromper les victimes : site internet reprenant la charte graphique de la véritable plateforme, recours à un ton et à un design similaires à ceux employés par la plateforme.

- Avec le ransomware DoubleLocker, ce ne sont pas les ordinateurs qui ont été touchés, mais les appareils mobiles. Pour la première fois, un rançongiciel a été capable de changer le code PIN des utilisateurs et de chiffrer les données de leur smartphone ou tablette. Ces derniers, alors dans l'incapacité de récupérer leurs fichiers ou d'utiliser leur appareil, n'ont eu d'autre choix que de payer la rançon demandée par les hackers.

- Une attaque informatique contre un site de partage d'images, qui a eu lieu en 2014, n'a pourtant été découverte qu'en 2017. Près de 1,7 million d'utilisateurs du site ont été victimes de cette cyberattaque, qui visait à dérober leurs données personnelles (adresses e-mail et mots de passe). Utilisé par plus de 150 millions d'internautes, le site a tout de suite demandé à ses utilisateurs de changer leur mot de passe au plus vite, en utilisant des combinaisons différentes pour chaque site et application.

- Il y a un an environ, près de 57 millions de comptes utilisateurs de la plateforme Uber ont été piratés. L'entreprise américaine, leader mondial des VTC, aurait alors pris la décision de payer une rançon aux hackers de 100 000 dollars en échange de la destruction des données piratées, sans avoir l'assurance que celle-ci soit réellement effectuée.

- Le malware, programme malveillant, répondant au nom évocateur de Reaper (la faucheuse), applique une méthode qui n'est pas nouvelle, mais dont l'ampleur de la cyberattaque à venir pourrait être sans précédent. Ce sont plus d'un million d'organisations qui auraient d'ores et déjà été « scannées » par les hackers, à la recherche d'objets connectés mal protégés.

- Et que savons-nous vraiment des programmes implantés au coeur de nos machines, qui nous observent (nous espionnent ?) et conservent la mémoire de tout ce que nous faisons ?

On pourrait frôler la panique générale à la lecture de ce qui précède. Ou bien rire de la fragilité de notre monde qui se croit si solide. Ou se rappeler que l'on apprend de ses errances...

Que conclure ?

A l'heure de la Cyber Guerre, sûrement de l'urgence et l'importance de se reconnecter à nos fondamentaux de vie, que ce soit au travail ou dans sa vie personnelle. À l'heure du tout virtuel, et pas que dans le monde professionnel, cette expérience m'a fait prendre conscience ou finalement n'a fait que me confirmer quelque chose que je savais déjà au fond de moi-même : la fragilité de notre monde, quel qu'il soit, et ici, celui des technologies de la communication et de l'information, qui ont si fondamentalement changé nos habitudes de travail mais aussi celles de notre vie courante ces dernières années. Souvenons-nous qu'il ne s'agit finalement que d'une histoire de 0 et de 1 et que l'on ne va pas laisser cette histoire basique nous compliquer la vie.

Je suis assise dans mon jardin en cette belle soirée de juin, presque un an jour pour jour après les événements contés dans ce livre.

Le coq vient de pousser son cocorico pour faire savoir à tout le quartier (essentiellement composé d'écureuils, de tourterelles, de grenouilles, d'oiseaux des forêts et d'autres congénères caquetants) qu'il est bien lové avec ses trois poules pour la nuit... au-dessus du poulailler, à la cime de la haie. Il règne sur son domaine.

Les oiseaux chantent pour saluer le coucher du soleil. Les tourterelles roucoulent à l'approche de la nuit.

Les oisillons, nés il y a quelques jours dans le nid confectionné dans le toit de ma maison, piaillent encore, appelant leurs parents qui volent en allers et retours sans relâche jusqu'aux derniers rayons du soleil pour les nourrir.

Les moustiques attaquent dur après ce printemps à la tonalité tropicale.

La nature est connectée, quoi qu'il arrive. Je me connecte à elle. Voilà l'essentiel.

Postface de l'auteure

Lorsque j'ai écrit la première version de cet ouvrage durant l'année 2018, je ne soupçonnais pas qu'il changerait radicalement ma vie professionnelle.

Ma motivation première était de partager avec le monde professionnel cette expérience encore incroyable à l'époque, afin que les organisations se préparent sérieusement à pouvoir affronter ce type d'événements et surtout pour qu'elles soient capables d'y survivre, économiquement parlant mais aussi émotionnellement.

Je me suis dédiée depuis, sous ma véritable identité, à la création d'un cabinet de conseil et de formation totalement dédié à cette cause : sensibiliser les dirigeants, développer la vigilance des équipes, engager toutes les forces vives des organisations pour construire et mettre en œuvre leur stratégie de cyber défense. Avec pour ambition, bien sûr, de se protéger, mais les événements depuis 2020 le montrent, même les organisations les mieux préparées font face à des attaques de plus en plus sophistiquées sur leurs systèmes et opérations numériques. Il est donc d'égale importance désormais de monter en maturité et d'apprendre à tous les comportements à mettre en place en cas de cyber crise pour en minimiser les impacts. Et finalement d'intégrer, dans les pratiques quotidiennes, le risque et la vigilance cyber dans tous les métiers et à tous les niveaux.

Cette nouvelle édition 2022 est enrichie de l'expérience telle qu'elle a été traversée par le ComEx. En toute humilité, que l'impréparation à laquelle nous avons été collectivement confrontés, permette à toutes les organisations d'en tirer les enseignements pour être capables, plus rapidement et efficacement que nous l'avons été, d'assurer la continuité de leurs activités.

La cyber sécurité est bien l'affaire de tous !

Toutes seules les équipes IT et SSI vont plus vite,
Mais avec l'ensemble des utilisateurs, elles iront plus loin et surtout, nous sommes plus forts !

Angeline Vagabulle

Remerciements

A tous mes collègues qui ont traversé cette aventure.

A Folco Chevallier pour son soutien et ses précieux conseils via l'Académie BookLeaders.

A Cécile, Isabelle, Christophe, Christine, Patrice, mes relecteurs de la première heure.

Aux animaux de la forêt.

A Pépito, Granola, Myrtille et Groseille (REP) pour leurs ronrons d'encouragement.

A tous les promoteurs enthousiastes des messages de ce livre depuis sa première parution pour faire progresser la préparation et la protection de nos organisations face aux risques cyber qui menacent leurs activités.

De la même auteure

« Global Work : on marche sur la tête ! » – Texte Angeline Vagabulle, dessins Renard, en e-book ou broché noir & blanc et couleur,

« Global Work : it's a Tupsy-Torvy world ! » – Traduction en anglais Andrew Baggaley, en e-book ou broché noir & blanc et couleur,

1. Postez votre avis sur « Cyberattaque » sur Amazon ou FNAC.com, cela ne vous prendra que quelques minutes pour contribuer à faire grandir la communauté de celles et ceux qui ne regarderont plus leur boîte mail ni leurs collègues de la même façon !

2. Suivez l'actualité de la collection sur FaceBook @GlobalWorkCollection et connectez-vous avec l'auteure sur FaceBook, LinkedIn, Twitter @vagabulle, Instagram ou mon site auteure

http://angelinevagabulle.wixsite.com/angelinevagabulle

Copyright © Angeline Vagabulle, Renard, 2022
Le code de la propriété intellectuelle interdit les copies ou reproductions destinées à une utilisation collective. Toute représentation ou reproduction intégrale ou partielle faite par quelque procédé que ce soit, sans le consentement des auteurs ou de leurs ayant cause, est illicite et constitue une contrefaçon sanctionnée par les articles L. 335-2 et suivants du Code de la propriété intellectuelle.

Thalia NeoMedia Editions

Première impression: Décembre 2022
Dépôt légal : Décembre 2022
ISBN : 978-2-491222-14-7